U0146580

寰宇期貨328

分析師關鍵報告
<期貨交易篇>

著／張林忠

寰宇出版股份有限公司

目錄

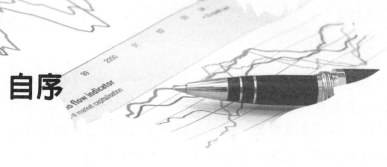

自序

　　還記得十五年前初入職場，第一個工作就是在中華職籃公司擔任行銷企劃工作，短短的一年半，卻是人生中難得的美妙時光，後來從職籃公司轉入金融業，這都得感謝當時主管程建迪先生的知遇之恩，也讓我的職涯從歡樂的運動場轉變為充滿金錢與數字的交易場。這十多年來看過許多客戶大起大落，不過大落的比例其實大得多，虧損的原因其實都差不多，就是人性的因素無法克服。

　　本書大致上分為五個章節，從期貨的基本定義切入，主要在解釋期貨與選擇權其實沒有大家解讀的如此負面，用對交易方法，還是有跟著法人的趨勢操作，進而分一杯羹的機會！第二個部份為筆者長期於第一線作教育訓練之心得分享，包括法人籌碼的策略運用、期現貨正逆價差的分享等 。接下來的章節則為技術指標運用在台指期操作上的探討與研究，由於傳統的指標操作通常績效並不佳，筆者分享了幾種常用的邏輯改良方式，希望讀者得以導正交易思維之方向。最後的部份則介紹全球期貨市場與選擇權的搭配運用，希望讀者對期、權交易能有更全面性的宏觀思考。

　　期貨相關書籍在市場上已有數百甚至數千本，不敢奢求此

系列著作會一鳴驚人、大紅大紫，只希望有緣的讀者可以在書中得到一些啟發，並能對未來交易的路上有一點點幫助。此書得以出版，首先要感謝這一路以來照顧我的長官，包括日盛、永豐以及元大寶來期貨的同儕與主管，為筆者塑造出優質的工作環境。此外，我要特別感謝我與太太雙方親愛的家人長期對筆者的愛護與支持，尤其是妻子皖蘋傾全力照顧家中一對稚齡兒女Victor與Sisilia，讓我有充分的時間與精力完成這一本著作。

　　本書內容著墨在期貨較多，接下來預計尚有程式交易及選擇權兩大主題將與讀者分享，讓我們一同努力，在交易的路上穩健成長吧！

〔附註說明：請讀者特別注意，本書內容僅供教學範例參考，其中回測之最佳化參數及指標運用或有限制，按書中範例教學操作亦有虧損之風險，故不保證未來之獲利！〕

張林忠
2012年03月

推薦序

　　元大期貨一直以來秉持著客戶至上的服務態度，除了致力於提供客戶快捷穩定的交易環境與專業效率的投資服務之外，針對散戶投資人的教育訓練一樣不遺餘力。元大期貨對於台灣期貨市場的發展，亦更是關心備至、全力以赴。元大期貨為了提供給客戶最專業的研調資訊與交易建議，除了經常舉辦期貨、選擇權專題的投資講座外，更用心地使用創新概念來研發相關程式交易系統。本書作者長期在總公司與通路端進行期貨交易與交易策略研發，同時對於散戶長期虧損的原因多有剖析，相信《分析師關鍵報告-期貨交易篇》，不但可作為期貨新鮮人的初學入門書，對於期貨老手亦是坊間難得的參考書籍。

　　本書除了交易心態的論述，尚有包括法人籌碼解讀之交易技巧，同時利用程式交易平台-元大MultiCharts回測過去十多年來被散戶投資人誤用許久之交易策略。最後則是選擇權搭配期貨的交易技巧，對於期市交易人相信會有不少之幫助。元大期貨秉持推廣正確期貨觀念的熱忱參與全程，從台灣期貨市場商品實務交易面切入，延伸視界至海外期貨交易所，串連國內外重要期貨商品、交易概念與選擇權策略，橫亙基本分析、技術分析與交易紀律等內容。作者嘗試將期貨知識以簡單完整的

概念呈現出來，讓本書有機會順利推出以饗讀者，因此誠摯推
薦此書，希望讀者藉由本書能夠建立起對期貨市場更深入而正
向的認識！

元大期貨股份有限公司

董事長　盧立平　謹識

2012年03月

第 **1** 章

期貨市場可一夕致富？

一、期貨眞面目

　　記得十多年前筆者從證券公司轉戰期貨公司時，直屬主管丟下了一句話:這位年輕人，你怎麼把自己的路越走越窄呀！當時聽了其實沒有太大感覺，只是覺得或許普羅大眾聽到『期貨』這二個關鍵字，臉就綠了一半，印象差到不行。直到進入期貨公司擔任教育訓練的講師之後，才知道原來是因為大多數的散戶都是虧損的，所以不論是分公司營業同仁或是管理階層，態度都差不多，對於期貨相關業務推展都持較為保留的態度。但其實仔細想想，如果大多數人長期持續賠錢，那極少數人穩定獲利的祕訣到底是什麼？跟著市場贏家的腳步，究竟有沒有分到一杯羹的機會？

　　許多人覺得期貨市場賺賠都好快，想要用賭徒的心態來放手一博，以2011.11.04盤中台指期7634來看，若阿忠在盤中進場作多一口大台指，他其實就是在玩一口契約總值達152萬左右的商品，而且只要負擔每口83,000元的保證金，槓桿比例達十八倍以上，因此操作期貨若方向對了就直接上天堂，作錯邊就會像下地獄般難熬！

　　期貨與選擇權市場是零和遊戲，什麼是零和市場，或許有許多讀者還懵懵懂懂，我們其實可以把期權交易想像為打麻將，麻將牌局就是標準的零和市場，舉個例子來說，若甲、乙、丙、丁四人進行方城大戰，甲、乙、丙三家都大勝，想當然爾，丁一定是輸得一敗塗地！期權市場與股票市場不太一樣，股票交易並非零和市場，有可能所有投資者都是被套牢的輸家，但期權市場不是，若能掌握

盲目散戶的操作手法，避免重蹈覆轍，交易時你其實就可以站在不敗之地！

探究散戶虧損的主因，應該就是交易期望值並不對稱，所謂交易的期望值就是勝率乘上每筆平均獲利金額，例如阿忠長期跟著某策略操作，勝率約為四十％，平均獲利金額為3萬元；平均虧損金額則為1萬元，這樣的交易期望值即為:0.4*30,000+0.6*-10,000=6,000，也就是說當交易的次數無限多，長期而言每筆交易應都有六千元的期望報酬。聽起來好像很簡單，那麼為什麼還是有人經常賠錢？

由於散戶操作期貨多半是憑感覺，常會有虧損放任不管，獲利快快出場的怪現象，也就是說，就算散戶勝敗機率各半，但長期下來只要平均虧損大於平均獲利，投資人虧錢出場只是早晚的事。期貨交易其實很像賭場的賭局，為什麼博弈業者穩賺不賠，場地規模越開越大，就是因為莊家比我們多了一點點的期望值，只要來客數夠多，交易母數夠大，這都是一門穩賺不賠的生意。因此投資人要長期在市場中存活，不妨先試著計算一下進場的期望報酬是多少？如果也是小賺一點就跑，並放任虧損不管，則將計算機按一按，若期望報酬是負的，進場作期貨交易將是以卵擊石！

在期權說明會上，我很喜歡問聽眾一個問題，來測試群眾的交易心理和我預想的有沒有落差。問題是這樣的－假設現場有五十位客戶，每個人都在前一交易日留了一口台指期多方留倉單，進場成本為7500，如果運氣很不好的，遇到美股重挫，台指期隔日開盤價為7200，這樣所有的人都一起賠了6萬元，已經觸及我們當初設定的停損100點目標，此時我會問大家一個問題：你會馬上停損出場的請舉手，五十個聽眾當中大概會有不到三個客戶舉手，剩下的客戶，就會假裝沒有這口多單，也就是會呦呦看，等著看待會兒或許就會有人要護盤了，散戶會這樣想其實為人之常情，如果馬上出場立即現賠6萬，撐一下情況或許還不會這麼慘。不過也正因如此，這與贏家的操作準則就完全相反了，交易圈有句流傳已久的名言:讓獲利奔馳，讓虧損馬上停止！但百分之九十以上的散戶都是讓虧損奔馳，讓獲利馬上停止，因為心態很難調整過來，自然在交易期權商品時就容易遇到虧損連連的窘境。

圖1-1為2011.08.05開盤之後，所有股票的走勢表現，這是交易平台中常會出現的類股監控圖，可以讓我們一眼看出今天哪一種類股表現較佳，綠色表示下跌、紅色表示上漲，黑色則表示平盤上下震盪。

▼ 圖1-1 上市類股即時監控圖(2011.08.05盤中)

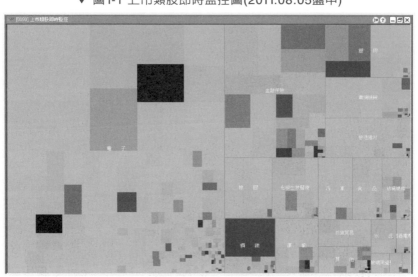

　　圖1-1中均勻一片的綠色，站在保護眼睛的角度來看是件好事，但除非前一日你有空單留倉，否則相信多數客戶應該是開心不太起來，放上這張圖只是要呈現給讀者一個概念，就是當所有股票的走勢一致時，行情都不會太小，交易上就要偏向那一個方向來思考較為妥當。

　　又如圖1-2，這是2011.11.04盤中股票即時監控圖，明顯的以紅色方塊居多，只有TPK這檔股票萬紅叢中一點綠，因此操作上一樣要偏向多方看，因為指數的漲跌根基其實就是來自於個股加總的表現，看到11.04這樣紅通通一片，當日日K棒正常狀況之下應該也是一根長紅棒才是，至於K棒長度大小，則又是另一個交易是否容易獲利的重點！

▼ 圖1-2 上市類股即時監控圖(2011.11.04盤中)

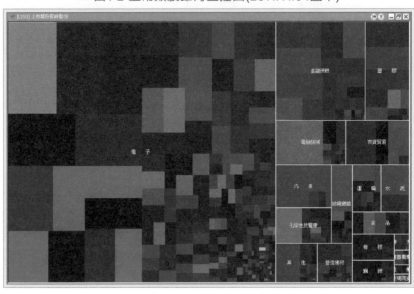

　　對一個當沖交易的投資人來說，每天的K棒就像是老師在出考題，當我們見到長黑或長黑棒代表老師出的是送分題，幾乎所有的交易策略都會賺錢，圖1-3之2011.01.11的大長紅棒，指數開小低後迅速急拉，當日實體棒又收得很乾脆，沒有留下太多的上下影線，這就是一個賺錢的大好機會，如我們用簡單的CDP當沖法為例，多單進場在8817，近收盤時可平倉在8927，一口大台指獲利為22,000。我常常會告訴投資人，如果在類似01.11這種盤，而你的策略卻是虧損的，可能有必須馬上調整策略思考的必要，因為通常長紅棒會賠錢，表示你的策略一定是逆勢的，按歷史經驗看來，長期而言順勢交易應會較佔上風一些！

▼ 圖1-3 台指期日線圖

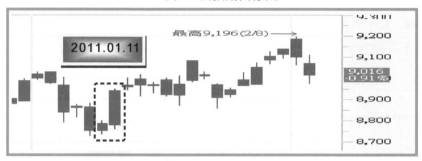

▼ 圖1-4 台指期五分線圖

　　當然老師不是只會送分，我們有時也會突然遇到詭異而難考的題目來刁難我們，就以圖1-5之2011.11.04當日的日線來看，日線收了長上、下影線，而同樣的CDP當沖策略，在這一天就佔不到太大的便宜，因為當天開高之後震幅沒有拉出來，最後是以小賠13點

出場。聰明的讀者應該已經可以慢慢嗅出，當實體K棒很長時就大賺，K棒震盪不好賺時則設好停損小賠，長久下來才是穩定獲利之道，至於CDP當沖方法，我們在後面的章節再另闢專文詳解。

▼ 圖1-5 台指期日線圖

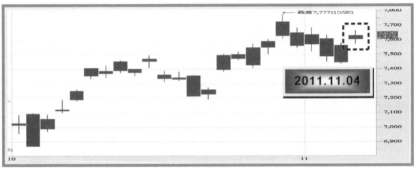

▼ 圖1-6 台指期五分線圖

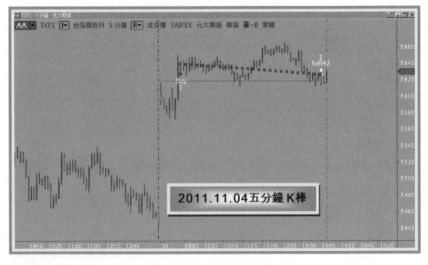

二、期貨是什麼？

隨著金融商品日新月異的演進，投資人手邊若只有股票、債券等投資工具可操作，那就相對落伍了，在大熊市來臨時，可能就會HOLD不住你的資產價值，由於期貨與選擇權有多空雙打的優勢，不像股票市場，一般投資人還是習慣用BUY AND HOLD的死多頭策略來應對，例如我們從月線的角度來切入，若某月月線大幅下跌，通常客戶就容易出現較大幅虧損；反之若月線收紅，客戶的操作績效都會有不惡的表現，因此若要操作期貨與選擇權，能把現貨的操作思維先拋在一旁，你就先成功了一半！

早在十八世紀，期貨商品便已經出現，期貨本身並非現貨交易，而是屬於衍生性商品交易，期貨買賣雙方根據一紙契約，事先約定交易雙方在某個時間以某價錢買賣某數量的商品。以2011.11月大台指契約為例，若阿忠在盤中買進五口多單在7630，就是希望在第三個週三結算時，價格能遠遠站在7630之上，當然持有倉位不一定要留到結算才平倉，交易者可以在成交後的下一秒就賣出，因此交易節奏上比現貨會快得多！

前面講了這麼多，究竟現在國內有哪些較熱門商品可供客戶交易呢！我們打開常用的期貨行情視窗，以圖1-7之2011.11.04當天來看，成交量最多的還是大台指，其次為小台指，至於摩台指為新加坡交易所商品，一般人必須要開國外期貨交易帳戶才可以交易。至

於交易所需保證金，由於期交所隨時都會調整，可透過下單視窗或是台灣期交所網站都可查到。

◎期貨商品資料表：

臺灣期貨交易所重要期貨規格：

合約簡稱	臺股期貨	電子期貨	金融期貨	小型臺指期貨	臺灣50期貨
商品代碼	FITX	FITE	FITF	FIMTX	FIT5
交易標的	臺灣加權股價指數	臺灣電子類股價指數	臺灣金融保險類股價指數	臺灣加權股價指數	臺灣50指數
契約價值	臺股期貨指數*NT$200	電子期貨指數*NT$4000	金融期貨指數*NT$1000	小型臺指期貨指數*NT$50	臺灣50期貨指數*NT$500
升降單位	指數1點=NT$200元	指數0.05點=NT$200元	指數0.2點=NT$200元	指數1點=NT$50元	指數1點=NT$100元
原始保證金	NT$83,000	NT$68,000	NT$61,000	NT$20,750	NT$26,000
維持保證金	NT$64,000	NT$52,000	NT$47,000	NT$16,000	NT$20,000
交易稅	買賣各千分之0.4,即契約價值*0.04%				
每日漲跌幅	最大漲跌幅限制為前一營業日結算價上下7%				
到期交割月份	自交易當月起連續二個月份,另加上三月、六月、九月、十二月中三個接續的季月,總共有五個月份的契約在市場交易				
最後交易日	各契約的最後交易日為各該契約交割月份第三個星期三,次一營業日為新契約的開始交易日				
最後結算日	最後交易日之次一營業日				

相關資料整理自臺灣期貨交易所網站(http://www.taifex.com.tw/),
保證金更新日期為2011/11/08。

▼ 圖1-7 期貨行情表

名 稱	買進價	賣出價	成交價	漲跌	漲跌幅	成交量	開盤價	最高價	最低價	參考價	未平倉量
台指期11	7,627	7,630	7,630	▲ 184	2.47%	114,378	7,605	7,665	7,573	7,446	52,104
電子期11	277.10	277.35	277.35	▲ 6.05	2.23%	4,590	276.80	278.90	275.30	271.30	4,725
金融期11	860.6	860.8	860.8	▲ 28.4	3.41%	6,720	859.8	864.4	854.2	832.4	4,960
小台指11	7,626	7,628	7,628	▲ 182	2.44%	75,420	7,593	7,665	7,572	7,446	25,616
非金電11	10,823	10,831	10,820	▲ 274	2.59%	474	10,735	10,885	10,702	10,546	791
櫃買期11	107.00	107.35	107.30	▲ 2.90	2.77%	19	107.00	107.30	106.80	104.40	168
TW50期11	5,172	5,278			0.00%					5,129	2
利率期11	99.125	99.280			0.00%					99.200	
摩根期11	269.70	270.20	270.20	▲ 6.90	2.62%	59,251	269.10	271.30	268.00	263.30	150,963

三、期貨的重要功能

　　全球的期貨交易至今之所以仍能在金融市場佔有一席重要之地，正因為期貨提供了許多功能：

1、避險：

　　期貨最早存在的因素，便是因為它提供了避險的功能，為了規避未來商品價格的波動，交易雙方透過期貨契約，確保在未來的某個時間可以按照先前約定的價格交易，這樣的做法讓交易雙方可以事先掌握未來的價格，便於安排後續相關業務及決策。

　　對於一個手中持有大部位台股現貨的投資人，他可以利用台指期貨規避大盤短暫下跌的風險，而不用實際出脫股票。對於一個月

後大筆資金才到位的法人而言,他可以透過投資台指期貨來提前參與股市並規避這個月指數大幅變動的風險。此外,在股票期貨上市之後,對於持有現貨的避險管道已經更直接且有效,我們以圖1-8鴻海日線圖來看,如果我們持有十張鴻海股票,並以簡單的季線位置來當作是否避險之依據,只要收盤跌破MA60,則次一日就放空五口鴻海期貨;反之只要股價站回MA60,次一交易日空單回補,等待下一次進場避險之機會。圖1-8前二次避險一次小賺、一次小賠,但第三次股價直接從149下跌到近70以下,這筆避險空單獲利就很驚人,可以將原本虧損60%大幅減少到10.8%左右。

▼ 圖1-8 鴻海日線圖

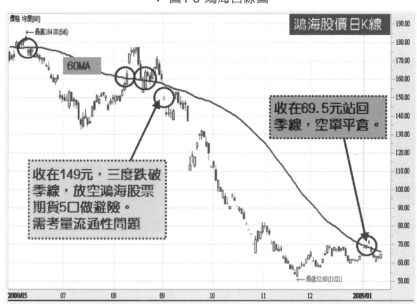

2、提供未來價格之資訊：

期貨價格是由市場供需所決定的，由於期貨是買賣雙方於現在約定未來交易價格的契約活動，因此期貨的價格對未來具有某種程度的預測性，當買賣雙方預期未來價格可能會上揚，便會造成期貨市場價格的價格上升。以原油期貨來說，如幾年前中東地區戰爭頻繁，因為市場上預料原油未來供應可能面臨短缺，則原油期貨價格便會升高，這便是期貨價格發現的功能。

3、調整資產配置：

投資人通常會根據各種現貨商品投資收益變化進行資產調整和重新配置，為了減低現貨調整所產生的交易成本以及降低對現貨本身價格的干擾，投資人可透過期貨交易，調整其資產配置。我們以近年流行的期貨信託基金來說，一般的股票型基金在空頭時頂多降低持股並汰弱留強，但若遇到系統風險，幾乎所有的股票型基金淨值都會很難看；反之，期信基金以程式交易挑選多空方向，同時將風險分散到各個交易所商品，在熊市來臨時通常都會有不惡的表現，從圖1-9我們也可以看出，目前這檔期信基金主要作空能源類期貨，並作多債券，且目前風險概況為穩健，投資人可以針對自己的理財需求將資產比例稍加調配，在近年利空頻傳的投資環境之下，期貨的多空靈活操作會對我們的投資組合績效有不小的潤飾效果！

▼ 圖1-9 期信基金風險與資產配置圖

四、期貨的交易風險

期貨交易最大的風險就是作錯邊，這句話其實是多說的，其實期貨同業或是VIP中的期貨大戶都很少人在作預設行情的動作，因為大家交易的節奏越來越快，停損與停利也設定的很精準，大家比的是當行情出現何種盤態時，誰能作出較正確的交易動作。期貨交易不是賺錢就是賠錢，賺錢時很單純，只要超過原始保證金部份都可以出金，虧損時的計算方式較為複雜，有些初入市場的客戶會搞不清楚，我們將其列表如下：

◎期貨保證金規定說明：

客戶保證金專戶淨值	高於原始保證金100%	超過原始保證金之部分，投資人可以出金。
	原始保證金	1.投資人必須在下單前先匯入足額原始保證金，才可下單。 2.當日盤中之獲利不可作為新一筆交易的保證金，未平倉單之獲利經收盤結算後，可作為次營業日新一筆交易的保證金。
	維持保證金(通常是原始保證金之75%)	1.收盤後，客戶保證金專戶淨值低於維持保證金但在原始保證金40%以上者，則期貨商收盤後會對投資人發出「追繳保證金」的通知(以電話及郵寄通知)，投資人必須於次營業日收盤前十分鐘補足至所需之原始保證金。 2.如投資人於次營業日收盤前十分鐘未補繳至原始保證金者，期貨商會於收盤前以市價強制平倉(斷頭)。
	原始保證金之40%	1.當盤中客戶之保證金專戶淨值低於所需之原始保證金的40%，則期貨商(證券商)則會於盤中會對投資人發出「追繳保證金」的通知(以電話通知)，此時投資人必須立即補足至所需原始保證金。 2.如收盤前未補至原始保證金並仍低於40%以下，則期貨商會以市價強制平倉(斷頭)。
	原始保證金25%	1.盤中客戶之保證金專戶淨值低於原始保證金的25%，且投資人未能立即補足至原始保證金時，期貨商會以市價立即強制平倉(斷頭)。

　　其實期貨市場由於有縝密的風控機制，就算虧損也是相對有限，我們以圖1-10為2008年金融風暴為例，假設A先生與B先生同樣有1,000萬的資產，A先生選擇期貨、B先生則操作現貨，若兩人都在2008.05.20最高點9388進場，之後指數一路向下跌到3811，修正了5500點以上，我們可以猜猜，不幸的A與B君，誰會較慘烈？

按照散戶的投資習慣，虧損的股票一定不會出場，我曾在說明會上遇過一位和藹的老婦人，她說她賣出的股票沒有一張是虧錢的，我很驚訝的問她:妳怎麼辦到的？莫非妳才是股神！她只幽幽的說出，因為我賠錢絕對不賣出！所以，當B先生的損失來到59%時，A先生早就在半山腰被期貨的風控機制刷出場了，假設當時原始保證金為90,000元，維持保證金為67,500，一般人只要看錯了112點(90,000-67,500)/200，就會如坐針氈，並且會考慮是不是要把部位先行了斷，至於後面接下來的五千多點，可能對期貨多頭就已經沒有什麼殺傷力了！

▼ 圖1-10 台指期日線圖(2008金融風暴)

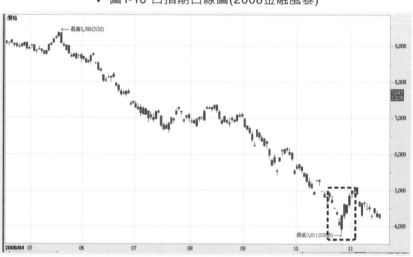

五、為什麼散戶會虧損？

　　期貨市場是零和遊戲，你的交易對手個個武功高強且設備精良，你憑什麼可以從對手手中擷取獲利？我們幾年來看過許多虧損出場的例子，共同點就是拗單不停損，最後把自己搞得無法收拾，因此成為贏家並不難，只要保持停損小、獲利大，保持正期望報酬，我們就會擁有交易優勢。贏家不會每次出手都賺錢，照樣有輸有贏，只是贏家不能容忍大賠的狀況出現，所以損失要儘可能的小，大賺的機會則要儘可能的把握。

　　其實長期下來，期貨要賺錢真的這麼不容易嗎？簡單舉一個例子，若我們將每天08:45開盤後一小時內的高低點標出來，只要跌破就放空，突破就作多，從1998.07至今，績效表現其實已經可以打敗百分之八十以上散戶，以圖1-11為例，我們將每天前一小時高低點以線段標出，如在10.21近收盤時價格突破多方線段，多單進場並留倉，10.25才有出場並反手放空之機會，這樣看來好像傻瓜的操作方式，真的會獲利嗎？

　　從圖1-12為績效報表解讀，總獲利可來到六百萬以上，同時考量結算轉倉因素，若臨結算日時仍有部位在倉，交易系統會先平倉出場，等待下次多空訊號再出現時才進場。我們將最佳的停損參數回測後，發現停損設定為進場價的1.5%是最佳的出場點，而這套模組平均獲利金額為24,714，虧損為13,172，已經符合我們之前提及獲利大、停損小的基本贏家概念之核心精神。

▼ 圖1-11 台指期五分線圖(通道突破策略)

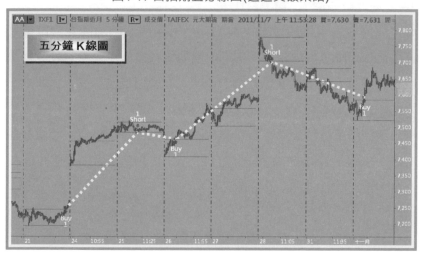

▼ 圖1-12 通道突破策略績效圖

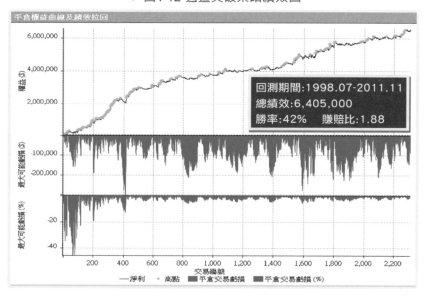

　　不過我們要提醒交易人的是，部位留倉過夜，等於是將命運交給上帝，太多部位留倉，會讓我們在半夜起來上廁所時，忍不住將電視或電腦打開看一下美股漲跌，尤其在2008年金融風暴時，相信很多人是夜夜難眠呀！依據我們作程式交易的經驗，波段策略的獲利會較當沖策略多得多，當沖由於受限於單日震幅不足影響，績效表現會比波段單少一些。

　　停損有多重要，下表我們可以比較一下，當操作損失比率越高，你要回覆到原始總資金時就會更困難，假設我們的初始資本是100萬，當我們虧損20萬時，也就是帳戶金額剩下80萬，若要回到原始100萬金額，則為以80萬本金賺取20萬獲利，報酬率為25%；若損失本金來到50%時，就要開始有100%以上的獲利修復能力，通常客戶損失超過原始資金50%以上，資產淨額就會以『回不去了』的狀況較多！

總資金100%	
操作損失比率%	回覆總資金報酬率%
5%	5.30%
10%	11.10%
20%	25.00%
30%	42.90%
40%	66.70%
50%	100.00%
60%	150.00%
70%	233.30%
80%	400.00%
90%	900.00%

圖1-13為影響交易成敗主要因素的比重關係，最重要卻最難掌握的就是交易心理因素，佔比重達60%以上，再來是資金管理，比重為28%，而大多數人在追求的交易聖盃，反而是相對不重要的，只佔10%比重。簡單的說，若指數由9388一路下跌到3811，不論阿貓或阿狗的交易系統應該都會放空，只是比誰空得較高罷了，行情好作時雞犬升天，難作時就是在比誰的風控作得好，才能在市場中活得久一點！

▼ 圖1-13 交易成功元素圖

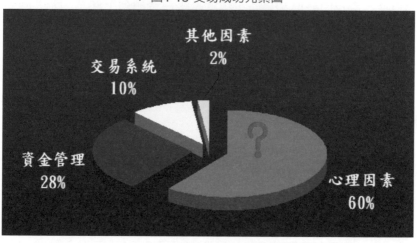

六、期貨獲利眉角

1. 順勢操作

　　股市的大波段，走勢往往持續數月以上，累積的漲跌幅度相當驚人，順勢操作是較為穩健的作法。很多人都想抓轉折點，希望買在最低，賣在最高，然而誰也不知道是否真抓到轉折點，轉折的幅度又有多大，逆勢操作最後常是賠錢收場。我們拉出一個技術指標來分析，若投資人在google搜尋『RSI』，我們在維基百科上會看到以下一段文字，相對強弱指數(Relative Strength Index，RSI)，藉比較價格升降運動以表達價格強度的技術分析工具－RSI在1978年6月由懷達爾研究，發表在美國《Commodities》雜誌中(現為《Future》雜誌)。相比起其他分析工具，RSI是其中一種較容易向大眾傳譯的計量工具，故甫推出便大受歡迎。根據懷達爾的測量結果，當RSI的參數為14時，指標最具代表性。他並指出當某證券的RSI漲至70時，代表該證券已被超買，投資者應考慮出售該證券。相反，當證券RSI跌至30時，代表證券被超賣，投資者應購入該證券。

　　我們如果按照懷達爾的理論，將台指期當作白老鼠來測試看看，如圖1-14所示，當台指期三十分鐘線的RSI指標由上向下穿越70時空單進場，反之由下往上穿越30時多單進場，類似的操作型態為標準的逆勢系統，從圖中看起來進場點都很漂亮，但若我們另外來看一下圖1-15的績效表現，卻發現好像不是這麼一回事呀！

▼ 圖1-14 台指期三十分鐘圖

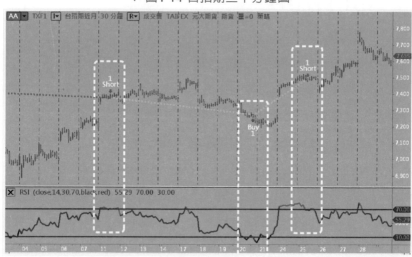

▼ 圖1-15 RSI逆勢策略績效圖

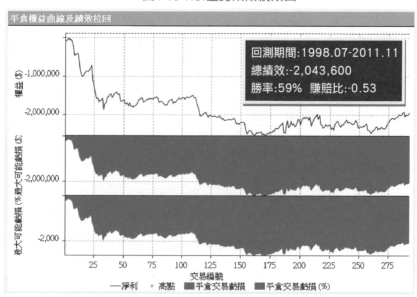

▼ 圖1-16 RSI順勢策略績效圖

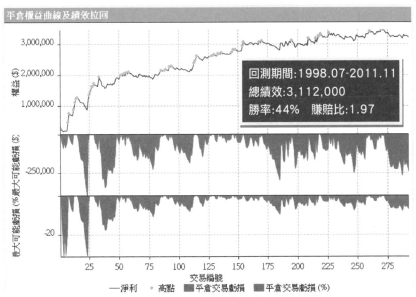

平倉權益曲線及績效拉回

回測期間:1998.07-2011.11
總績效:3,112,000
勝率:44%　賺賠比:1.97

權益 ($)

最大可能虧損 (%最大可能虧損 ($)

交易編號

—淨利　• 高點　■平倉交易虧損　■平倉交易虧損(%)

　　懷達爾為什麼要騙我們咧？其實不是的，當盤整盤格局出現時
或是用在股票操作也許還是適用的，但用在台指期的波段留倉交易
上則是慘不忍睹，1998.07月至今虧損約200萬以上，只有勝率近六
成表現不賴，不過這也是逆勢交易的最大特色，勝率高但總獲利相
對較低！

　　既然RSI逆勢策略不會賺錢，我們也許試著把想法轉個彎，改
為順勢交易，也就是說當指標突破70時才作多；跌破30時就放空，
同樣使用台指期30分線的歷史資料來回測，哇！績效變成正的了，
如圖1-16所示，過去十四年當中只有三年會賠錢，在還沒有設定最

佳化參數的狀況下，表現其實不差。我們把RSI這個指標拿出來分析的原因，其實是要讓讀者瞭解，金融操作長期來說還是以順勢交易較佔優勢，逆勢交易，非死即傷呀！

2.停損停利要設定好

　　散戶不喜歡停損是全市場都知道的事，正因為長期下來散戶操作心理不易改變，主力與法人才有在市場中獲利的機會，因此為了避免損失超過自己的預期，投資人應該有停損與停利的觀念，我們就以上一段落RSI順勢交易的例子來看，在沒有設停損與停利之下，總獲利為3,112,000元，最大策略虧損為487,000元，通常我們在解讀程式交易績效報表時，最大策略虧損最好能控制在總獲利的十分之一以內，否則在後續的跟單時，若遇到程式績效拉回的撞牆期，在信心不足的煎熬之下，是不太可能長期跟單的！

　　我們把停損與停利這兩個參數加入，並以最大策略虧損為最小的前提之下來作回測，最佳化之結果如下，若停損設定為50點，停利設定200點時，則最大策略虧損可以控制在226,800元左右，已經靠近總獲利的十分之一，雖然總獲利降低到200萬元左右，比起不停損、不停利時賺的錢少了一些，但控制了下檔最大虧損風險，在實務交易上有時反而更為重要。

▼ 圖1-17 RSI順勢加入停損策略績效圖

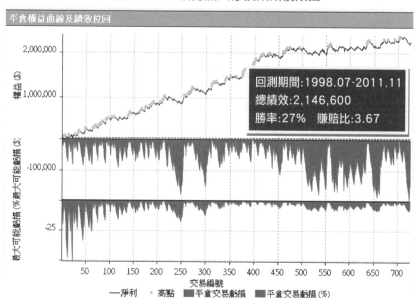

平倉權益曲線及績效拉回

回測期間:1998.07-2011.11
總績效:2,146,600
勝率:27% 賺賠比:3.67

——淨利　•高點　■平倉交易虧損　■平倉交易虧損(%)

　　考量了停損與停利因素之後,我們前幾篇曾提到過散戶交易期貨通常是停損大、停利小,因此我們把RSI順勢交易的程式碼加上停利較大、停損較小的參數來回測,假設我們將停損設為200點;停利設定為50點,則績效表如圖1-18,雖然勝率達75%,但賺賠比一定是負的,在實際交易時將是災難的開始,所以要想在市場中當常勝軍,寧願將停損設小、停利設大,雖然可能勝率不高,常常在停損,但大行情來時你一定會有相對較多的報酬!

▼ 圖1-18 RSI順勢且停損大、停利小策略績效圖

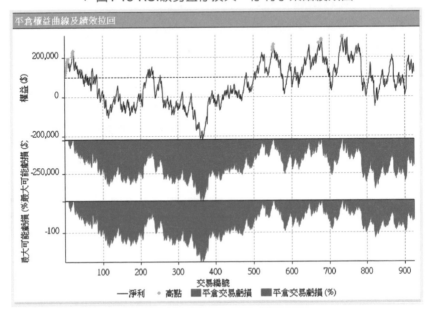

3.避免過度交易

　　期貨買賣時，由於只需準備相當於契約價值18%左右的保證金，投資人很容易承作過多口數。一旦行情有大幅波動時，無力支付被追繳的保證金，而被斷頭出場，最後落得一無所有。因此，操作期貨要把握的一個重要原則就是，用自己的閒錢進場，保留一些實力作為追繳保證金的準備，讓自己免於在壓力過大的情況下，做出不理性的判斷。市場中基本的安全資金範圍應為以三口單的保證金交易一口，以2011.011.07盤中為例，大台指保證金每口為83,000元，乘上三倍則為249,000元，也就是準備近25萬的保證金應是較安

全的規劃。另外，若投資人想要以程式自動交易的方式跟隨某一支
程式，準備資金則為策略最大虧損再加上三倍保證金，以免遇到績
效連續拉回且最大虧損創新高時，資金控管會有問題！

　　過度交易有兩種，一種是把保證金作太滿；另一種則是交易次
數過於頻繁，我們再以前篇RSI順勢策略為例，若將原本的30分線
策略改為1分線策略，則交易次數會由726次提升到6,531次，以每次
交易成本1000元來看，十四年下來會多出580萬的交易成本，長期
下來很少會有客戶受得了這樣的交易頻率的！

▼ 圖1-19 一分鐘與三十分鐘RSI策略績效比較圖

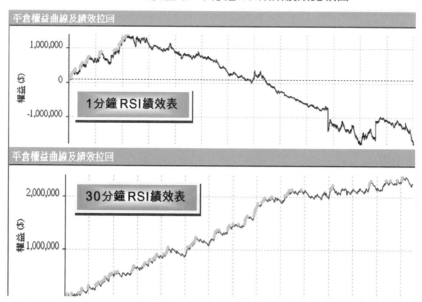

4.不下市價單

手上有較大部位要進出時，最好拆成小單後分次下單。除非有一定要成交的特殊需求，否則儘量避免以市價單(漲停價或跌停價)進行大量口數買賣，以免在行情大波動時，出現令人意外的結果。以2011.01.21圖1-20殊狀況為例，當月8100 PUT迅速飆到漲停價630點，不用說這一定又是市價買進惹出來的禍，也正因如此，目前期交所選擇權商品已經無法以市價買賣，目的就是在防止投資人因掛出市價單而蒙受不白之鉅額虧損。

▼ 圖1-20 選擇權日線圖

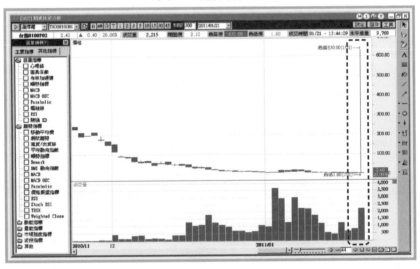

其實不論是期貨或是選擇權商品，若投資人真的很想很想以現在的市價去成交，不妨參考圖1-21的閃電下單視窗，圖中台指期報

價為7696，若投資人要買進，可以選擇紅色虛線處買進，也就是把
自己的買進價提高到市價之上，如此就會有市價買進之效果，但又
可以避免滑價過大的窘境；反之若是要賣出，可以選擇綠色虛線區
域，將自己的賣出價格降低到市價以下即可。

▼ 圖1-21閃電下單視窗圖

	買 進		▲	賣 出		
觸價	委託	委量	價位	委量	委託	觸價
			8,169 漲停			
			7,705			
			7,704			
			7,703			
			7,702			
			7,701	24		
			7,700	66		
			7,699	30		
			7,698	34		
			7,697	14		
		15	7,696			
		34	7,695			
		98	7,694			
		63	7,693			
		193	7,692			
			7,691			
			7,690			
			7,689			
		跌停	7,101			
		403	235	168		

七、兩根K棒也能賺

　　前面我們提到期貨波段交易其實獲利並不難，有時光是看K棒的顏色可能都會有獲利的機會，從2010年起，台指期的行情詭譎多變，如果單從技術指標的思考層面來設計交易模組，恐怕效果都不佳，但若我們從單純的價格現象來思考，或許可以改善有時波段留倉部位交易難度較高的窘局。而最簡單的價格現象就是指K線的顏色或是今天開盤與昨天收盤價位的比較等等，我們先假設二個條件，條件一為前一交易日K棒的顏色、條件二則為今天是開高或開低，如此以來就有四種狀況可以選擇(狀況一為昨日紅棒且今天開高、狀況二為昨日紅棒且今天開低、狀況三為昨日黑棒且今天開高、狀況四為昨日黑棒且今天開低)，如果交易者要作多，究竟從2007.01月以來，要選擇哪一種操作方法會有較佳的績效呢？

　　以一場一百人群眾的說明會來調查，相信大部份的交易者都會認為既然要作多，當然選擇昨天是紅棒且今天又開高時作多，因為乘勝追擊本來就是人之常情，所以會有百分之八十的朋友選擇在狀況一時舉手，不過事實是否真的如此？行情跟我們想的都一樣嗎？

　　我們簡單針對這四種狀況作一績效回測，同時都加上停利450點，以2007年一月至今的六十分線為例，如果以狀況一的操作模式，也就是當昨天是紅K棒，且今天又開高時就買進；同理，若昨天是黑K棒，且今天開低就放空，這樣的操作策略聽起來很合理也絕對是大多數交易者會遵循的模式，但從圖1-22看來，這五年多以

來表現並不佳，績效大好大壞，總績效還虧損了40萬左右，似乎不是一個可長期跟單的交易策略！

▼ 圖1-22 狀況一回測績效圖

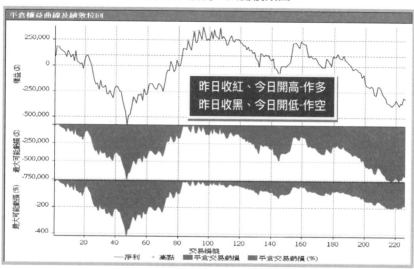

既然排除了大多數人會採用的狀況一，剩下的三種策略究竟有沒有機會賺錢，經過簡單的回測發現，最佳績效如圖1-23，也就是當昨天是黑K且今天開高時作多效果最好；五年多來總獲利為140萬元以上，表現應該已擊敗不少自營商的績效了，尤其從2010年開始，獲利已達50萬元以上，更是當年方向交易難度提升後的異數。

至於另二種狀況作多時，績效皆不佳(昨日黑棒且今天開低、昨日紅棒且今天開低)，操作上就要避開類似的交易方法。從這四種狀況來看，今日的開盤位置似乎更重要，只要開高就偏向多方思考，

若開低才想作多，也就是逆勢操作的思維，長期下來就像是送錢給人花沒有兩樣！

▼ 圖1-23 狀況二回測績效圖

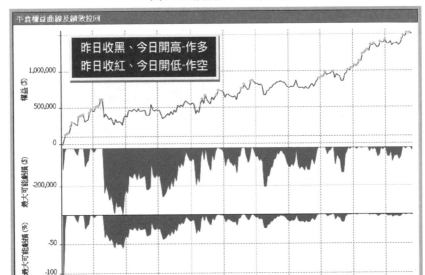

除了昨天的K棒顏色與今天開高、開低可衍生出交易策略之外，我們再進一步來研究看看，光是以今日開高還是開低來決定交易方向，究竟長期下來有沒有辦法在市場中穩定獲利？假設今天開盤大於昨天收盤，則次一交易日開盤時就多單進場；反之，若今天開盤小於昨天收盤，則次一交易日開盤時就空單進場，停損設定為進場價的百分之二，停利則設定為百分之七，如此看起來類似

傻瓜的機械操作,從1998年07月至今,績效竟然是正的!回溯過去近十多年來的績效,約獲利120萬元左右,同時勝率可以維持在四十七%,長期而言,期貨市場贏家不到百分之十,如此的操作模式應該已經可以打敗不少市場中的投資散戶!

▼ 圖1-24 開高作多、開低作空策略回測績效圖

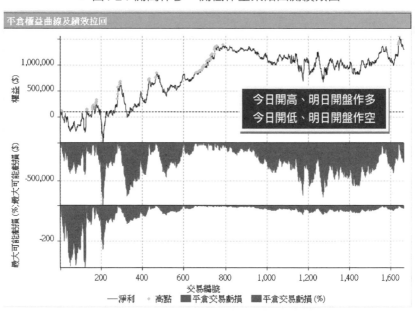

要在市場中存活,最重要的其實不是交易策略,策略的因素只佔交易成功的百分之十。從上一個交易策略不難看出,要賺錢不難,只要設好停損及停利就可以輕鬆達成!不過交易紀律通常最難長期遵守,這也是散戶虧損的最大原因。讓我們試試看,加入其他條件與濾網,有沒有機會將交易績效作進一步之提昇,簡單的加入

當日K線顏色，作多條件改為今日開盤開高且日K線收紅；作空條件為今日開低且收黑K棒，同樣的回測時間，績效並沒有變好，獲利金額只剩下94萬元左右！

　　績效變差代表我們的思考方向有問題，腦袋轉個彎，若我們將交易的濾網反過來，也就是說當日開高但要收黑K棒，則次一交易日才作多；反之，當今天開低且收紅棒，次一交易日才放空，這樣的想法聽起來根本就不合邏輯？真的有辦法穩定獲利嗎？程式回測結果卻令人眼睛一亮，同樣的時間，這樣的策略竟可以獲利達370萬元以上(如圖1-26)，以圖1-25看來，從2011.09月以來的幾次操作，沒有一次交易是虧損的，幾乎都在高點放空、低點作多，以09.30當天為例，由於前一日09.29開低但收紅，所以就在當天開盤7182放空，雖然過去表現不俗未必等於未來也會如法炮製，但至少十多年來績效相對是穩定的，若要按照這個簡單可行的策略來交易至少心中也會安定些！

▼ 圖1-25 台指期日線圖

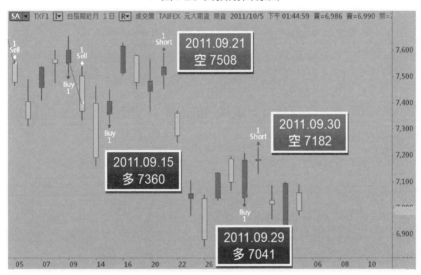

▼ 圖1-26 回測績效圖

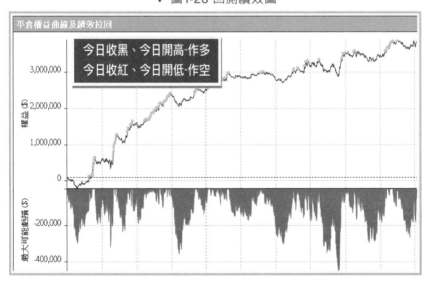

八、打造贏家腦袋

　　大多數的投資人應該都知道，如果現在要判斷多頭或空頭，看均線最準了，尤其最好是收盤價在長均線之上又剛好站上短均線那就更準了。這樣的思考聽起來也沒有什麼不對，但真的是賺最多錢的策略嗎？不過也沒有辦法，我們每天晚上打開財經頻道，財經名嘴就是這樣灌輸給投資大眾，久而久之就變成大家都在信仰的交易之道。既然市場中贏家是少數的，那這樣操作還會賺最多嗎？我在期貨說明會上很喜歡問客戶一個問題，答對的人平均不到10%，讀者可以試試看，也許你擁有一個天生的贏家腦袋！

▼ 圖1-27 三十分鐘策略四種狀況示意圖

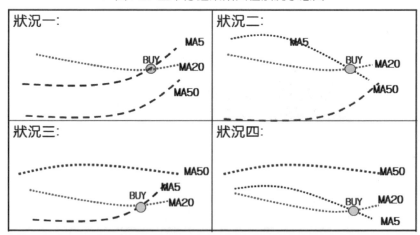

　　你可以看一下圖1-27，當你想作多期貨或作多股票時，會選擇哪一種狀況出手？會場會有百分之八十客戶選擇狀況一，剩下百分

之二十則會選擇狀況二到四不等，不過還是會以狀況一與二較多，顯示其實大家交易的基本功都不差。而事後回測亦顯示，長均線之下作多是自取滅亡，被抬出場只是時間早晚。剩下狀況一與二，究竟選誰會較正確？

究竟是一路追高賺的多，還是壓回再作多績效好？我們簡單針對這二種操作模式作一績效回測，以2007年01月至今的三十分線為例，如果以圖1-27中狀況一的操作模式，當收盤價在MA50之上，且MA5大於MA20時就買進；同理，若指數在MA50之下，且MA5小於MA20時就放空，這樣的操作策略聽起來很合理也絕對是大多數交易者會遵循的模式，但從圖1-28看來，這五年多以來雖然是會獲利，但績效拉回的幅度頗大，尤其是在第250筆交易之後表現更差，這段時間應該就是2011.01月以來的盤整時間格局。

▼ 圖1-28 狀況一回測績效圖

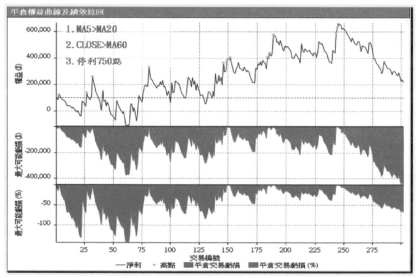

　　收盤價在長均線以上且短均線黃金交叉作多既然表現不佳(五年多來獲利約僅11萬)，我們不妨換個角度來思考，如果改成收盤價在長均線以上且短均線死亡交叉時再作多呢？從圖1-29的績效看來，獲利已大幅提升至150萬元以上，勝率也從31%提高至37%，平均賺賠比例亦從2.19提升到2.58，從這二個圖表我們幾乎可以得到一個簡單的結論，那就是如果長線格局確定，應要等短均線反向變化時再進場較佳，這也符合N字上攻或修正時之進場理論，亦顯示當行情過熱時，盲目的追高殺低，風險還是相當大的！

▼ 圖1-29 狀況二回測績效圖

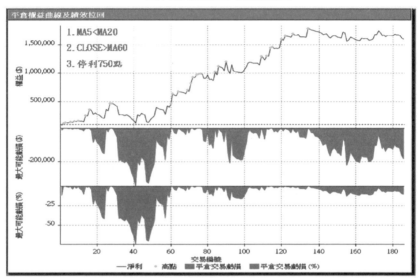

除了均線大家的觀念不一定對，另一個市場上最有名的錯用指標就是『KD』，曾看過我一位同事MSN匿稱為『KD指標能賺錢、世上哪有掃地工』，指的應該就是越多人在用的指標，交易起來會越危險，因為和群眾站在同一邊通常不是一件好事。散戶在操作股票時最怕追高殺低，包括電視上投顧老師也是一樣，老師最喜歡說：鴻海週KD已在二十以下黃金交叉，此時不買更待何時？也許這樣交易股票會賺錢，這個部份不是我們本篇要討論的範疇，但切記，同樣的操作方法卻不一定適用在期貨操作，舉個簡單的例子，如果我們有兩種選擇，第一種操作策略為當KD指標的D值小於二十時作多，D值大於八十時放空，這是所有股票族都會選擇的，就是所謂的逢低承接、逢高放空的操作策略，也是說明會上大家的標準答案！

▼ 圖1-30 KD策略回測績效圖

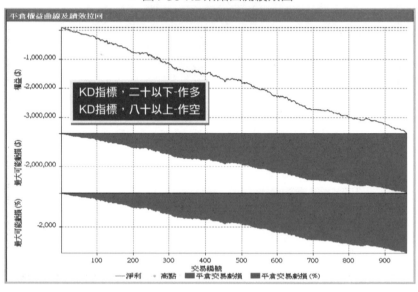

看到圖1-30了嗎？好穩定的績效，可惜是向下的，大多數人選擇的策略，竟然會賠這麼多錢，我們看一下績效表，交易五年多下來虧損驚人，達300萬以上，這就是散戶交易期貨的宿命嗎？既然逢低作多、逢高放空行不通，那第二種順勢的追高殺低呢？從圖1-31看來，虧損已大幅縮小至19萬，相信已打敗不少虧損累累的投資人了！從這個簡單的範例就可以看出，期貨操作其實與股票操作之方法相去甚遠，若沒有擬定好完善的交易策略就投入大量資金交易，下場通常不會太好。同樣的問題如果針對會場中操作期貨較多的投資人來作調查，則選第二種策略的交易者會佔多數，因此要成為期市常勝軍，就要學習贏家追高殺低的操作思維！

▼ 圖1-31 KD策略回測績效圖

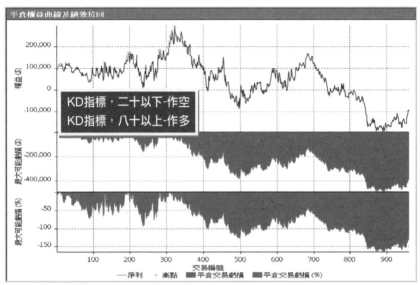

這樣說來，KD指標是不是根本不能用呀？不管如何都沒有太穩定的績效表現，有時指數波動時並不會一路走到底，操作思考上可以等到急漲後壓回時作多；急殺後反彈時放空勝算較高，舉個簡單的操作範例，當五分鐘KD指標來到八十五以上時，同時趁KD死亡交叉時作多，並於收盤前將部位平倉，長期下來會有不錯的交易效果；反之，當KD指標都在十五以下時，K與D出現黃金交叉時再放空，這樣的交易策略可以過濾掉不少次的錯誤訊號，自2007年01月起至今，可說是不錯的當沖模式。這也告訴我們，雖然期貨市場追高殺低是鐵律，但順勢中帶逆勢的手法通常會更理想，也符合一段完整的行情波動通常會採N字型走法的基本假設！

▼ 圖1-32 KD策略回測績效圖

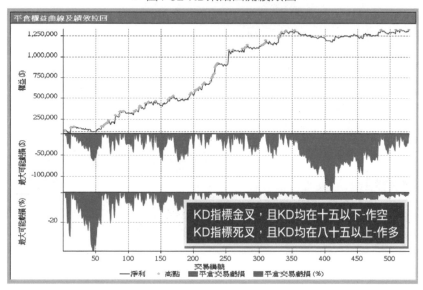

KD指標金叉，且KD均在十五以下-作空
KD指標死叉，且KD均在八十五以上-作多

第**2**章

期貨市場前線觀察

一、法人交易手法解析

1.三大法人誰最犀利？

　　大家常常在媒體報導上可以看到，外資近日又把台灣當作提款機，獲利高達幾十億之類的文章。我們最常聽到的三大法人，包括外資、投信與自營商，究竟我們跟著期交所網站收盤後的部位留倉資訊來分析，有沒有機會可以分到一點點利潤？先從外資的角度切入，外資有三多，錢多、股票多、消息多，期貨操作通常會與現貨部位搭配著來相互操作，以圖2-1為例，這是外資期現貨多空轉折圖，首先觀察綠色虛線部份，多頭市場尾聲，外資會持續買進股票，但會開始將期貨部位由多轉空，等到現貨也開始賣超，若期貨仍持續保持偏空操作，則就將慢慢進入空頭市場。

▼ 圖2-1 外資期現貨交易手法圖

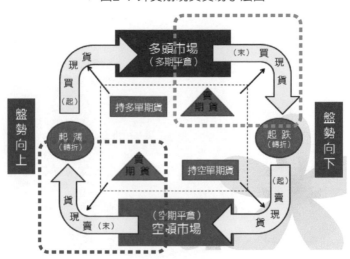

　　相同的道理，在紅色虛線空頭尾聲處，外資會由空單轉爲多單，因此從圖2-1我們又可以衍生出另一個策略，想法是若外資淨部位由多單轉空單，則下一交易日開盤就空單進場；反之若淨部位由空單轉多單，則下一交易日開盤就多單進場，考量結算日的因素，我們會在結算日平倉出場保持空手，等待下一次訊號發生再行進場。我們檢視一下圖2-2的績效表，哇！績效曲線相當平滑穩定，自期交所從2007.07月公佈三大法人淨部位以來，跟著外資腳步每口獲利近200萬元，每月的績效表現看來也是以獲利收場較多。不過這是我們在沒有設定停損與停利的條件之下測出之結果，所以最大策略虧損達到47萬元左右，因此若投資人想要跟住這個外資淨部位策略，千萬別忘了設好停損，雖然總獲利或許會下降，但最大策略虧損一定會降低，在程式的實際執行過程中會較有實行的可能。

▼ 圖2-2外資籌碼策略回測績效圖

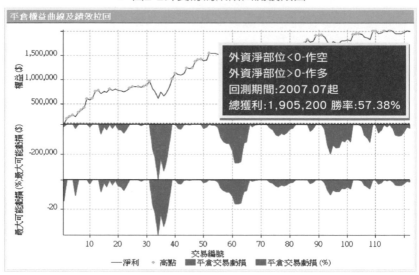

▼ 圖2-3外資籌碼策略月平均績效圖

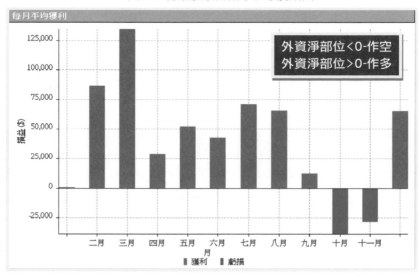

相同的策略思考，若我們把自營商的淨部位來測一下，是不是也會有相同的好績效呢？自營商每年績效報表都很亮麗，雖然我們只針對期貨商品來回測可能會失真，因為自營商通常亦會在選擇權部位上下不少功夫，不過我們光從自營商期貨部位留倉方向來考量，表現其實與外資有不小落差，從圖2-4績效表看來，五年多下來若我們按照自營商收盤後的部位資訊來決定多空方向，在不設定停損與停利的條件之下，會虧損80萬以上，同時每月平均績效表現並不穩定，顯示自營商期貨部位在實務操作上較不具參考價值，讀者在盤後資訊的解讀上也可以稍微調整為正確的思維與作法！

▼ 圖2-4自營商籌碼策略回測績效圖

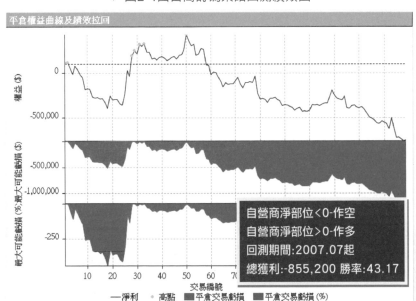

▼ 圖2-5自營商籌碼策略月平均績效圖

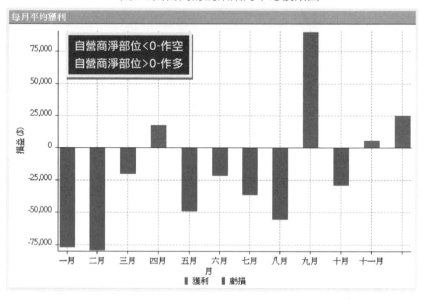

▼ 圖2-6台指期日線與投信籌碼圖

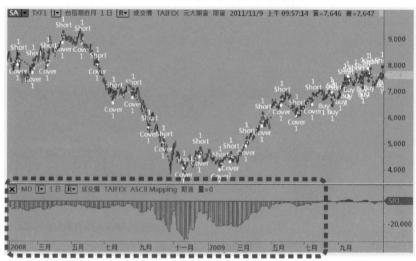

　　至於三大法人中的投信，期貨操作部位通常並不多，若有應也是以避險部位為主，如圖2-6中為2008年金融風暴時台指期的日線，下方即為投信留倉圖，紅色表示為淨多單、綠色則為淨空單，投信從2008.01月起一路放空避險，一直到2009.07月後才有轉為淨多單跡象，大空頭時避險單增加是可以想像的，但後續指數從3800一路反彈為7000點之上，投信的操作策略頂多是減少空單罷了，可以想見跟著操作，效果恐怕也不會太好，因為避險單就像是買保險，並不是要以獲利為主要目的。我們以相同的程式碼回測，績效表如圖2-7，績效表現和自營商相去不遠，虧損的金額差不多，所以三大法人之中，若我們只以單純的淨部位是否大於或小於零來判斷方向，其實只有外資的盤後資訊較有參考價值！

▼ 圖2-7投信籌碼策略回測績效圖

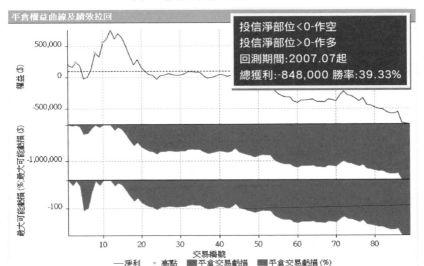

2.三大法人延伸策略

上一段我們只針對部位的多空來寫策略，這一段我們來想想，若是考量部位『趨勢』的變化是不是會有更佳的效果，所謂趨勢的變化就是我們將部位的值定義為VALUE1，如果VALUE1[2]<VALUE1[1] AND VALUE1[1]<VALUE1[0]就多單進場，這句語法翻成中文就是若前二根的部位小於前一根部位，同時前一根的部位小於這一根部位，如圖2-8中所示，若要多單進場，就要符合連續二根K棒出現向上格局，也就是說多單連續增加時我要作多，或是空單連續減少時我也要多單進場，究竟類似這樣的思考有沒有較佳的交易效果，讓我們看一下以趨勢變化判多空用在外資的績效表現，如圖2-9表現一樣相當驚人，總獲利較前一個策略更好，五年多下來每月平均獲利亦相對穩定，呈現長期大賺小賠的優異格局。

▼ 圖2-8籌碼趨勢變化示意圖

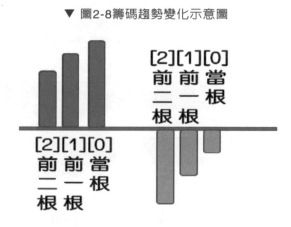

▼ 圖2-9外資籌碼趨勢變化策略回測績效圖

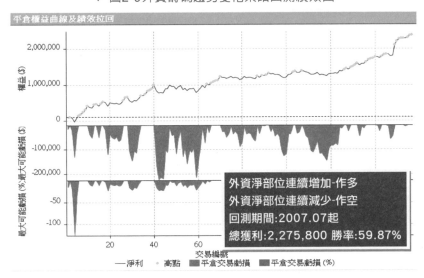

平倉權益曲線及績效拉回

外資淨部位連續增加-作多
外資淨部位連續減少-作空
回測期間:2007.07起
總獲利:2,275,800 勝率:59.87%

▼ 圖2-10外資籌碼趨勢變化策略月平均績效圖

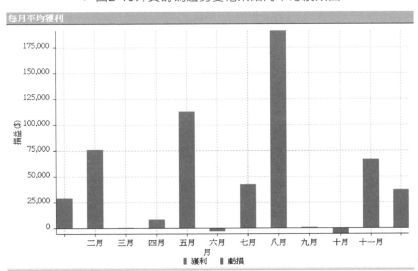

每月平均獲利

▼ 圖2-11自營商籌碼趨勢變化策略回測績效圖

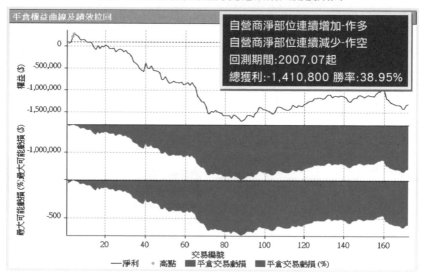

▼ 圖2-12投信籌碼趨勢變化策略回測績效圖

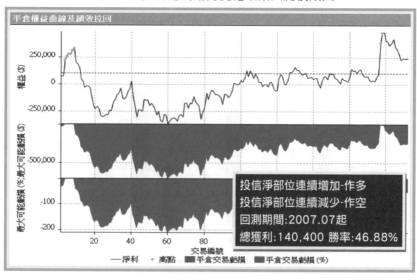

相同的部位趨勢變化策略用在自營商或外資是不是有改善的空間？績效表現分別如圖2-11與圖2-12，顯示趨勢變化用在自營商上仍不具太大參考價值，回測之虧損金額甚至更多了；至於投信已由虧損轉為獲利14萬，不過曲線並不平滑，最大策略虧損達76萬之多，相信也是沒有人可以跟得住的！

3.加上均線與口數思考

除了部位正負與部位趨勢變化，若我們再加上一些限制門檻，如多單要大於3000口才作多，或是收盤要在五日均線之上才作多，限制的條件越多，交易次數相對就會減少，不過要注意的是，因為條件增加，系統最佳化的參數也會增加，如3000口的『3000』、五日均線的『5』，這些都是交易時的參數，因此在回測績效時就很容易落入最佳化的陷阱之中。

▼ 圖2-13台指期日線與外資籌碼圖

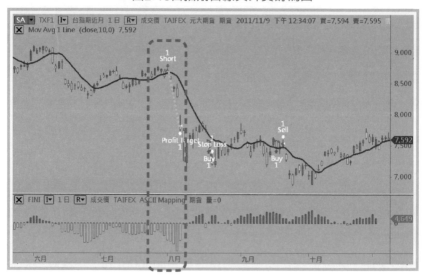

▼ 圖2-14外資策略回測績效圖

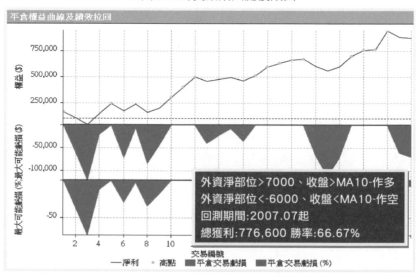

　　我們嘗試加入這二個限制條件，找找看最佳化參數為何？首先是外資，在前二個策略思考中表現不錯，加上參數後還有沒有更精進的空間？除了口數與均線位置限制，我們另外再加上停損與停利點數，測得之最佳績效表現如圖2-14所示，而最佳參數如下，作多為多單來到7000口時且收盤在十日均線之上；作空時機則為空單來到6000口以上且收盤在十日均線之下，以圖2-13中2011.08月初希臘倒債引起的股災來看，約可放空在8500點以上，當大行情出現時，是一個勝率頗高的交易策略。不過比起前二個外資策略，圖2-14績效總獲利明顯較低，但在勝率66%以及最大策略虧損只有19萬的情況下，是一個風險值較小的策略思考模式。

　　當然，除了外資，我們再將程式碼如法泡製在自營商與投信上，則績效分別如下，好了，終於出現正績效了，但交易次數實在太少，在實務操作上感覺也不太可行，就算加上兩個不同的交易限制條件，明顯的與外資部位表現還是有不小的差距。若我們把三大法人的部位加總會如何？是否會出現勝率高且交易次數也不要太少的好策略？

▼ 圖2-15自營商策略回測績效圖

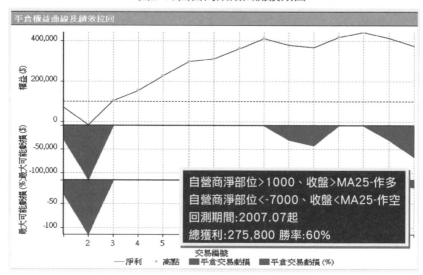

自營商淨部位>1000、收盤>MA25-作多
自營商淨部位<-7000、收盤<MA25-作空
回測期間:2007.07起
總獲利:275,800 勝率:60%

▼ 圖2-16投信策略回測績效圖

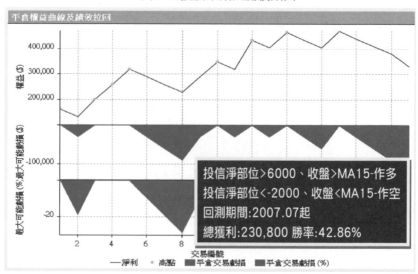

投信淨部位>6000、收盤>MA15-作多
投信淨部位<-2000、收盤<MA15-作空
回測期間:2007.07起
總獲利:230,800 勝率:42.86%

　　圖2-17，我們把三大法人的籌碼分別置放在台指期的K線之下，依序為投信、自營商與外資，交易系統回測後之最佳參數為8000與-10000，均線則是10，也就是說當三大法人加總淨部位多單超過8000口，且收盤價在十日均線之上時，作多勝算較大；反之，當三大法人加總淨部位空單超過10000口，且收盤價跌破十日均線時，作空時機最佳。我們以圖2-17中得知，從2009年四次交易來看，每一次都是獲利的，而從總績效表現看來，曲線相當平滑，十三次交易中獲利十次，勝率達到76%以上，若不以期貨來操作，下次再遇到時也可以用選擇權買方來賭賭行情將波動變大之機會！

▼ 圖2-17台指期日線與三大法人籌碼圖

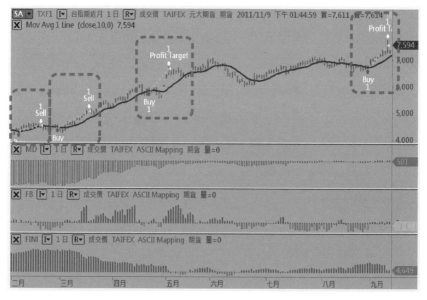

▼ 圖2-18三大法人策略回測績效圖

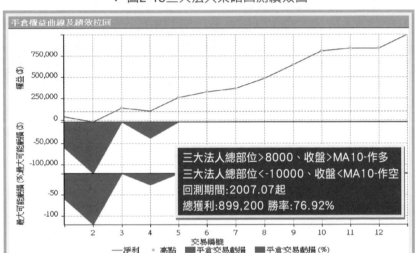

平倉權益曲線及績效拉回

三大法人總部位>8000、收盤>MA10-作多
三大法人總部位<-10000、收盤<MA10-作空
回測期間:2007.07起
總獲利:899,200 勝率:76.92%

—淨利　　● 高點　　■ 平倉交易虧損　　■ 平倉交易虧損(%)

　　總結三大法人操作手法，就留倉多空資訊判斷，應該只有外資較有參考價值，獲利金額與勝率都不錯，但近年來台指期開盤時跳空頻頻，運氣好時或許會跳對邊，但天有不測風雲，一定也會有跳錯邊的狀況發生，前幾段中我們曾提到，把過多的資金部位放在波段單上，等於是把命運交給上帝一樣！因此若我們把外資部位策略的思考拿來作為當沖依據，也就是說開盤進場、收盤出場，在不設定停損與停利的狀況之下，績效竟然是正的，如績效圖2-19所示，勝率也接近五成，至於自營商與投信部位多空可不可以拿來當沖，我想應該連測都不用測了！績效一定會很駭人的！

▼ 圖2-19外資籌碼當沖策略回測績效圖

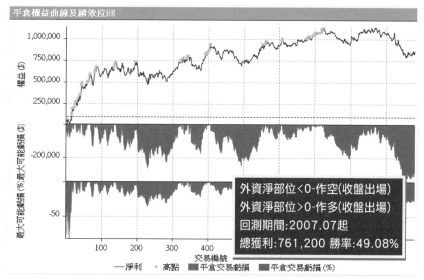

平倉權益曲線及績效拉回

外資淨部位<0-作空(收盤出場)
外資淨部位>0-作多(收盤出場)
回測期間:2007.07起
總獲利:761,200 勝率:49.08%

—淨利　　◦ 高點　■ 平倉交易虧損　■ 平倉交易虧損(%)

二、正逆價差怎麼作？

　　『午盤過後，台指期一度翻黑，來到7585點，終場台指期拉尾盤以上漲25點作收，指數收在7614點，成交口數達94928口，收盤正價差達53點。』這是一段我們會常在媒體上看到的報導文字，有可能是財經記者自行撰寫，或是由研究部門提供給媒體，不過重點是價差轉正真的要追多嗎？亦或是逆價差變大時空單要勇於進場呢？期貨交易不外乎順勢交易與逆勢交易兩種，在第一個章節中我們回測了一些技術指標類的思考邏輯，發現順勢交易長期下來會較佔優勢，那期現貨價差交易呢？一樣是順勢思考較易獲利嗎？在討論這個議題之前，我們先以圖示來解釋一下什麼是價差？

　　圖2-20中的紅色區塊，表示期貨價格大於現貨價格，在定義上為正價差格局，一般投資人包括你的投顧老師一定會告訴大家要偏多思考，作空宜小心再小心；相反的，在綠色區塊，現貨價格大於期貨價格，就是空頭市場中最常出現的逆價差格局。我們觀察這兩個色塊，它們有一個共通點，就是最後都會回到同一個點來作結算。

　　有一個比喻我常會在說明會上與客戶分享，讓大眾對於結算日與價差的概念，可以較簡單的聽懂。我們可以想像，加權指數就像是爺爺、台指期是爸爸、選擇權則是小孫子，祖孫三代每月第三個週三下午13:30會一起聚餐(期貨與選擇權的結算日)，吃完飯後又會開始走一段新的旅程，旅行的過程中爸爸會帶著孫子，所以操作選擇權的客戶，盤中別忘了要持續關注期貨的波動方向，而不管這個月指數最後是大漲、大跌或是盤整，大家都會回到同一個點，這就是簡單針對結算的比喻。

▼ 圖2-20期現貨價差圖

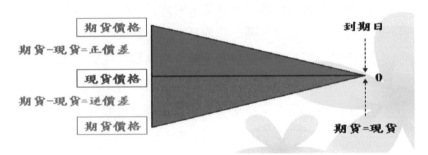

要判斷期現貨價差要順勢或是逆勢作較好，我們先來測測如果價差由正轉負就放空、價差由負轉正就作多，這樣的績效表現如何？如圖2-21，果然又出現熟悉的穩定向下績效圖，顯示光是以價差轉正或轉負就冒然出手，交易次數過多，十年下來已達到8160次，若以每趟交易成本1000元看來，就已經吃掉800萬以上的獲利。

▼ 圖2-21期現貨價差回測績效圖

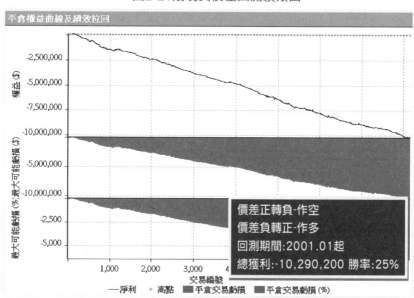

既然這個方法行不通，我們試著將交易門檻提高，首先以順勢的角度思考，先預設二個參數，當正價差由下向上穿越正參數時追多單；逆價差由上向下穿越負參數時空單進場，針對這樣的策略

思考，我們找到了二個最佳化參數，分別為80與-170，總獲利從2001.01月至今只有8萬多，明顯是一個不太及格的交易策略，同時交易次數只有23次，顯示把期現貨價差用順勢來作應該是錯誤的思考方向！

順勢走不通，我們直接將策略改為逆勢交易，一樣設定二個參數，一正一負，思維當價差由上向下穿越正參數時放空；當價差由下向上穿越負參數時作多，回測2001.01至今，尋得之最佳參數分別為10與-50，從績效表現看來總獲利已近400萬，因此針對期現貨價差交易，逆勢思考看來才是可行之道。

▼ 圖2-22期現貨價差交易示意圖

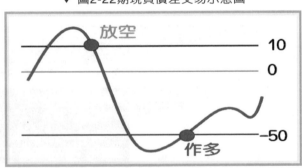

▼ 圖2-23期現貨價差逆勢回測績效圖

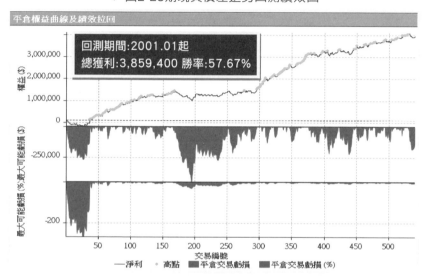

▼ 圖2-24台指期與加權指數五分鐘價差圖

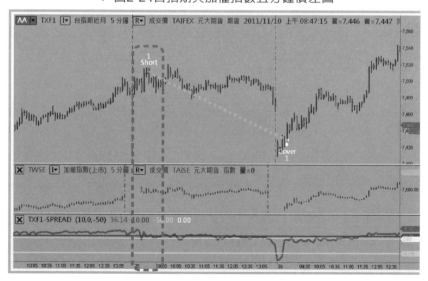

　　從圖2-24看來，2011.10.25開盤後正價差的數值穿越10向下走，已符合空單進場條件，直到10.26早盤時空單回補，是一次成功的期現貨價差交易案例。

　　至於為什麼期現貨價差要逆勢操作才會賺錢，應與結算時價差一定得收斂至同一個價位有關，我們以上用了一些篇幅來研討，並用MULTICHARTS程式交易平台證明了這件事，所以下次再聽到有人說期現貨價差要順勢思考，大可姑且聽之，不需要太放在心上！

三、不同期貨商品的價差交易

　　期貨商品的價差交易策略主要是用來捕捉，當兩商品之間的走勢出現較大負相關走勢時的利潤，例如台灣期交所中主要幾檔熱門期貨商品，包括大台指、電子期與金融期走勢有時並不一定會同上同下，除非行情真的夠大，如2008年05月開始的起跌點，在修正近四、五千點的過程中，電子期與金融期就會同向偏弱變化，不過在正常時間當中，電子期與金融期或許還是有些價差策略可以來思考看看。

　　所謂價差交易一定是一買一賣，原則上是買強空弱，至於強弱如何界定，我們可以用一些簡單的數學公式來演算看看。如圖2-25，我們將電子期與金融期的小時線圖設定在同一個視窗中，接下來我們在程式碼的設定加上一個條件，首先定義一個值為

VALUE1，VALUE1=(電子期-金融期)/(電子期+金融期)，再取
VALUE1過去二十根小時線的平均值，定義爲VALUE2，因此當
VALUE1與VALUE2出現黃金交叉時，表示VALUE1開始走多頭
格局，既然VALUE1要開始上漲，表示電子期價格走勢一定會比金
融期強，此時我們就可以作多電子期貨、放空金融期貨；反之，當
VALUE1與VALUE2出現死亡交叉時，表示VALUE1會開始走空頭
格局，既然VALUE1要開始下跌，表示電子期價格走勢一定會比金
融期若，此時我們就可以作多金融期貨、放空電子期貨。

　　類似的思考模式我們可以擴大到各種商品，如台指期對電子
期、台指期對金融期等，我們試著爲讀者回測幾種可能較會獲利的
價差交易模式，有興趣之投資人可以藉此衍生出更精緻的交易策
略。第一組爲電子期對金融期，績效表現如圖2-26，必須注意的
是，由於MULTICHARTS多圖型交易時，交易訊號僅會出現在第一
個視窗，所以圖2-26績效表爲單邊績效，也就是只統計電子期買進
與賣出部份，回測十多年來獲利金額約250萬左右，最佳均線參數爲
16，獲利年度集中在前幾年，顯示近年來由於越來越交易者從事類
似電金型價差交易，利潤相對也越來越薄！

　　第二種配對組合我們研究台指期對金融期，績效表現如圖
2-27，最佳均線參數拉長到198，獲利270萬以上，圖2-26與圖2-27
有一個共通特色，就是第二個視窗都是金融期，表示不論是台指期
或是電子期，對上金融期時都很有獲利的潛力，至於台指期對電子

期，我們測出的績效爲虧損120萬元左右，因此若讀者有興趣針對這個方向再深入研究，不妨參考筆者選擇的標的即可！

▼ 圖2-25電子期與金融期小時線圖

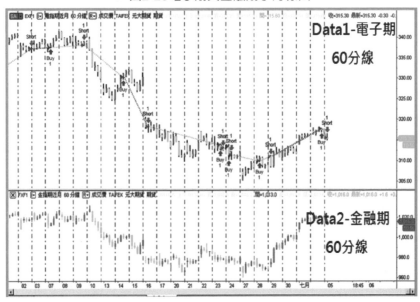

▼ 圖2-26電子期對金融期價差策略績效圖

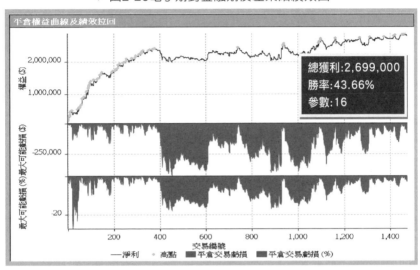

▼ 圖2-27台指期對金融期價差策略績效圖

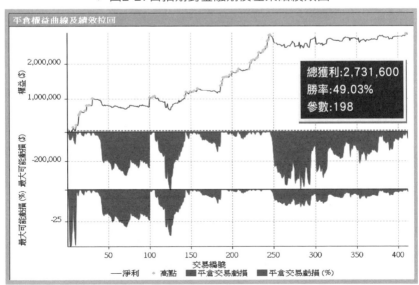

　　其實除了指數期貨，股票期貨亦有類似的運用方法，股票期貨截自2011.11月止已有二百多檔的標的可供選擇，在配對價差的選取上，可以有更多元、更廣泛的策略考量。以圖2-28為例，我們將第一個視窗設定為國泰金、第二個視窗為鴻海，最下方則分別劃出紅線與藍線，紅線的公式為:(上視窗-下視窗)/下視窗，藍線則是取紅線過去三十根的平均值，以圖2-28中02.02開盤附近為例，紅線穿藍線向下，表示紅線要開始走空頭格局，因此下視窗商品就會較上視窗強，所以只要紅線維持在藍線下方，都可以買鴻海並放空國泰金。以02.02至02.09這一段交易為例，買進鴻海期貨績效持平、賣出國泰金期貨獲利為3點，股票期貨契約規格為一口期貨對二張股票，因此本段股票期貨價差交易獲利為6,000元。

▼ 圖2-28國泰金對鴻海三十分鐘價差圖

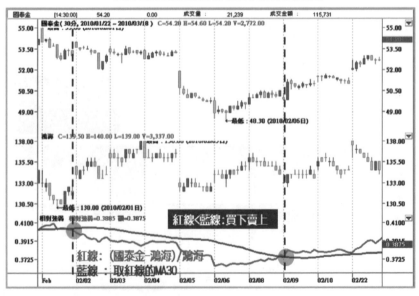

　　鴻海期貨強、國泰金期貨弱的格局在02.09反轉，如圖2-29所示，紅線開始大於藍線，黃金交叉表示紅線會開始走多頭，策略思考即為上視窗商品會較下視窗強，所以可以買國泰金期貨並放空鴻海期貨。以02.09至03.02這一段交易為例，買進國泰金期貨獲利6,000元、賣出鴻海期貨獲利為2,000元，類似的強弱價差交易可以不需要考量大盤強弱，只要持續關注二個標的商品的趨勢變化即可。此外，當遇到系統風險時，就算一開盤所有商品都跌停鎖死，但至少有一邊是賣出放空的，績效表現未必會受到太大影響。

▼ 圖2-29國泰金對鴻海三十分鐘價差圖

四、多週期與多商品交易運用

上一篇我們提到簡單的期貨價差交易，本篇我們來研究一下多週期與多商品交易，什麼叫多週期與多商品交易？簡單的說就是不單以一個交易視窗來作決策，例如我們如果想要知道，宏達電的價格或技術指標變動對台指期的多空波動有沒有什麼影響。如圖2-30中，上方為台指期小時線，下方則為宏達電的小時線，第一個思考我們將宏達電小時線的RSI指標拉出來看，只要宏達電RSI突破六十時，我們就買進一口台指期；反之當宏達電RSI跌破四十時就放空一口台指期，回溯過去三年來的績效，約會虧損10萬左右，勝率也僅能維持在三十五％，我們試試將RSI的通道參數作一下最佳化，得到的值變成五十五與二十五，回測績效三年下來可提升至獲利51萬的水準，勝率更可達到五成六，可見當宏達電出現價格較大波動時，通常也代表台指期也要開始動起來，操作獲利的空間就會更寬廣！

▼ 圖2-30台指期與宏達電多商品交易示意圖

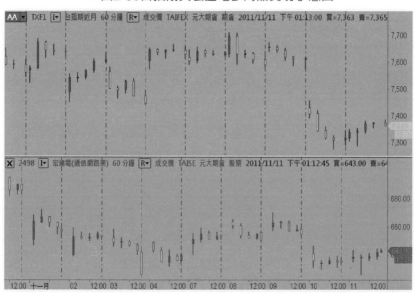

　　除了RSI，我們再試試均線是不是也有同樣的效果，相同的三年時間，獲得的最佳化參數是MA30與MA75，也就是當宏達電收盤價站上三十日均線時，作多一口台指期；宏達電收盤價跌破七十五日均線時，則放空一口台指期，回測結果約可獲利62萬，勝率為四成五，當然以宏達電為基準來操作台指期績效未必是最好，但比起過去三年許多虧損的期貨市場投資人，這樣的策略思考應還是具有部份的參考價值。

　　多週期交易還有許多可衍生出的策略運用，例如我們將圖2-31的上視窗設定台指期日線，下視窗設定為台指期週線，很多研究報

告都會寫到，長線趨勢看季線、短線要看十日線，所以我們將這樣的想法化成實際的策略測看看，是不是真的會賺錢呢？從圖2-31看來，在2011.06.14同時符合跌破季線且跌破十日均線條件，空單可進場在8743，恰好八月初遇到希臘債信問題，股市急速修正向下，直到十一月初才又有作多之機會，單筆交易獲利一千點以上，類似的均線策略在大行情下一定會獲利，只怕盤整盤過多時會把投資人的信心消耗殆盡。我們以預設的參數10與12來回測發現，總獲利近270萬元，不過最大策略虧損稍大，投資人可能也不太跟得住這個交易模組。

▼ 圖2-31台指期日線與週線圖

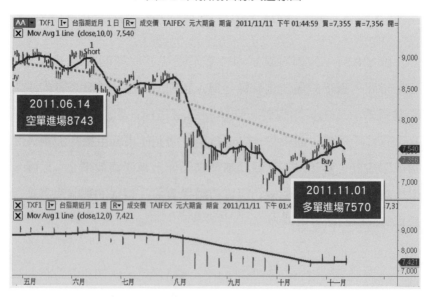

▼ 圖2-32日線與週線策略回測績效圖

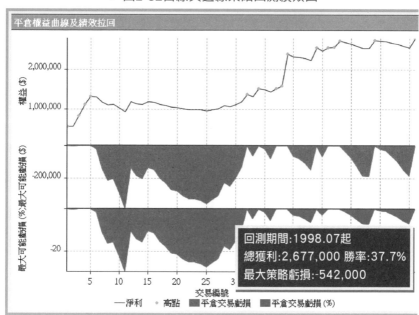

既然這個策略可行，我們再把停損與停利加入考量，同時針對均線參數回測，最佳化之結果如圖2-33，獲利提升到360萬元以上，測得之參數為10、45，停損設定3%、停利四百大點，簡單的說，投資人可以用十週均線與指數位置作為作多或作空基準，且當日均線也跌破或站上MA45時，就是進場大展身手的好時機了！

▼ 圖2-33日線與週線策略回測績效圖

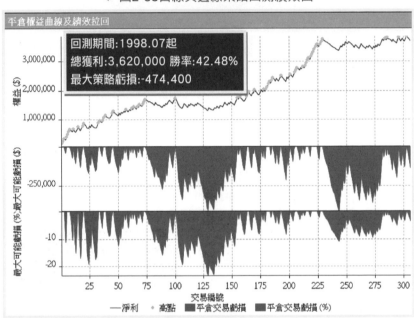

除了日線等級策略，多週期交易還可使用在更短K棒上，如我們之前提及之RSI通道策略，原理如圖2-34，上視窗我們設定為台指期五分線，下視窗則放置台指期六十分線，既然教科書上教我們RSI指標應該要進入高檔超買區時考慮賣出、進入低檔賣超區時作多，也就是應該以逆勢來思考，但是我們在實務操作上卻發現應該要順勢而為績效較好，所以我們嘗試看看，若將長週期K棒以順勢來考量，短週期K棒則以逆勢來交易，舉個例子，當小時線RSI超過六十時才啟動多方思考，同時若五分K線的RSI也符合自低檔交叉二十五向上，就可進場作多！

▼ 圖2-34雙週期RSI通道交易策略示意圖

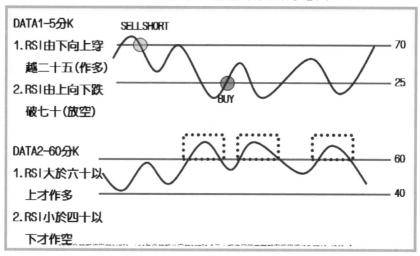

　　這樣的交易績效會如圖2-35所示，總獲利表現並不突出，但應該只有2004至2005兩年大盤整年時交易較爲不順，其餘年度時間還是有獲利穩定的交易效果。

▼ 圖2-35雙週期RSI通道交易策略回測績效圖

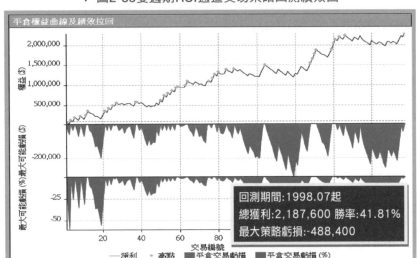

平倉權益曲線及績效拉回

回測期間:1998.07起
總獲利:2,187,600 勝率:41.81%
最大策略虧損:-488,400

　　雙週期RSI策略回測後發現可行,我們再試試看別的技術分析
指標,例如將RSI改為均線,也就是當上視窗的五分K線與下視窗
的六十分K線都要同時符合均線之上的條件時才作多、反之放空,
從2007年回測至今,獲利近80萬元以上,我們將二種交易策略拉出
來比較,如圖2-36,上方為以五分K線單一均線直接操作,總虧損
四年多來近80萬,而下方為以長線保護短線思考之績效,獲利效果
大幅改善。因此當投資人以技術指標類策略進場時,多一道關卡來
當作濾網,對於績效穩定性的提升,將會有直接且有效的助益。以
圖2-36來說,以長線保護短線的交易方式,五十三個月當中可獲利
四十個月,對於交易者會比較有跟隨的信心。

▼ 圖2-36雙週期交易優勢比較圖

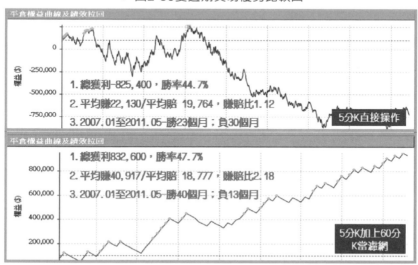

我們剛才示範的是同時以雙週期進場與出場，這一段我們來比較看看，單純的以一個時間週期來操作效果好？還是以長週期進場、短週期出場效果好？相信有經驗的交易者常會有這種感嘆，就是原本獲利很多的單子常會因行情突然出現漲多壓回或跌深反彈的盤態而減少獲利，如果交易人用更短的時間週期來作為部位出場依據，有沒有機會改善這種出不到較佳點位的窘境。我們以相同的交易系統來測試，就是RSI順勢交易策略，當RSI指標讀數突破六十時買進、跌破四十時放空，若以單純六十分鐘單一視窗進場與出場，獲利表現如圖2-37，總獲利為350萬左右，但最大策略虧損達68萬，已達總獲利之20%左右，就報表看來並不是太好。

▼ 圖2-37單視窗RSI策略回測績效圖

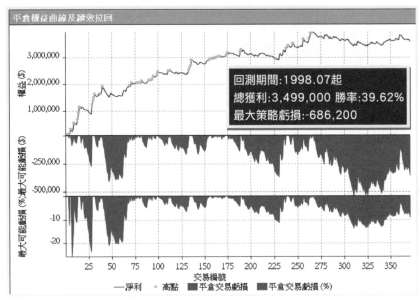

　　若我們將上視窗一樣置放六十分線，但下視窗改為五分線，也就是以長週期進場、短週期出場的方式來回測，原理一樣為六十分線RSI突破六十時買進，但若五分RSI由上向下穿越七十五時，多單先行出場觀望；作空原理為六十分線RSI跌破四十時放空，但若五分RSI由下向上穿越二十五時，空單就出場，我們同時將這四個進出場參數作過最佳化，得到之參數分別為五十五(小時線RSI突破進場作多點)、四十五(小時線RSI跌破進場作空點)、五十五(五分線多單出場點)、十(五分線空單出場點)，績效表現如2-38，總獲利提昇至400萬元以上，重要的是最大策略虧損壓縮至50萬，為總獲利之12%，已逐漸接近10%的較佳水準！

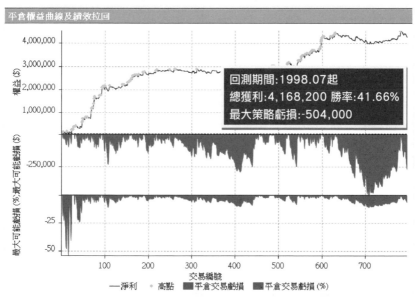

▼ 圖2-38雙視窗(60分進場、5分出場)RSI策略回測績效圖

回測期間:1998.07起
總獲利:4,168,200 勝率:41.66%
最大策略虧損:-504,000

五、台指期的達文西密碼

　　期貨交易既然為零和遊戲,長期下來贏家與輸家之間究竟有沒有存在什麼勝率較高的交易規則?例如開盤後突破幾點幾分的高點作多較好,或是禮拜幾較適合作空?什麼時候要出場反手放空?這些隱藏的規則,其實都可以用交易平台及過去的歷史資料來探勘,讓我們找出勝率較高的交易模型。

　　過去業界曾流行一個說法,就是不論作多或作空,最好在週五前將部位平倉出場,乍聽之下也很合理,因為長假當中又不知會發生什麼重大事件來衝擊下週一的開盤,因此我們簡單寫了一個程

式，原理設定為若今天為週一且開盤比上週五收盤高就在尾盤時多
單進場；反之，若今天為週一且開盤比上週五收盤低就在尾盤空單
進場，不論多單或空單，出場點都是在週五的收盤。

回測績效報表如圖2-39，過去十四年來總績效為獲利7,000元，
有點白忙一場的感覺。不過重點是過去十四年來有多少客戶戰死沙
場，獲利7,000元其實已經可以排在前段班囉！

▼ 圖2-39日線策略回測績效圖

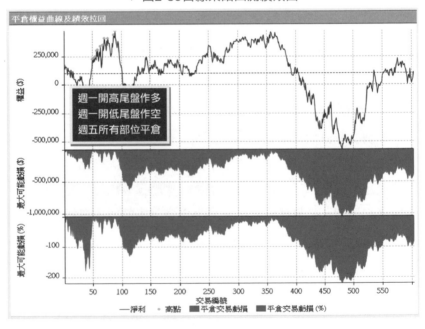

　　這種上上下下不甚穩定的曲線我們當然不會滿足，倘若我們將週一到週五當作五個參數來回測，究竟週幾作多、週幾作空績效會最好？從1998.07月至今，測得之最佳買進日爲週五收盤，賣出日則爲週二收盤，總獲利達196萬，勝率爲49.77%，交易1280次當中獲利637次，同時多單與空單獲利比例相當均衡，表示若要以週幾來判斷多空依據，應以週五買、週二賣爲最佳！

▼ 圖2-40日線策略回測績效圖

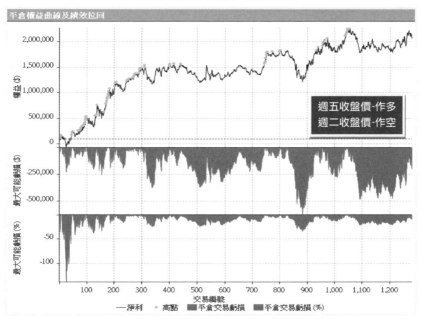

▼ 圖2-41日線策略回測績效圖

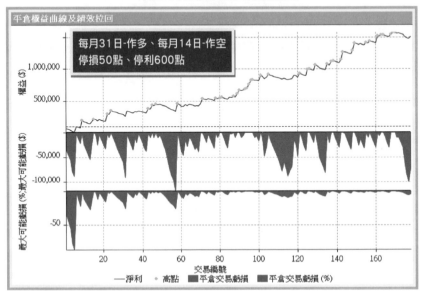

除了週幾作多或作空可以測，一個月當中最多有三十一天，過去十四年來，每月第幾天買進會賺錢？每月第幾天放空會賺錢？經過系統的回測，我們找到買進的最佳參數為31、賣出放空的參數為14，另外停損為50點、停利設定600點，總績效表現會如圖2-41，獲利雖不多，但績效曲線穩定，不失為一個可參考之策略思維！

　　至於從開盤到盤中某一個時間點，如果我們設定一個高、低價區，究竟突破幾點幾分的高點買進較好、或是跌破幾點幾分的低點放空較佳？我們透過歷史資料的回測，發現不論是當沖或是留倉，其實類似的BREAK OUT突破策略，測出來都是會獲利的，我們先以當沖來思考，得到之作多時間參數為09:35、作空之時間參數為09:55，舉個例子，如圖2-42為2011.11.16當日五分K線，第一個藍圈處為09:35當根五分線，因此當日的多方線即為從開盤到09:35高點，就在橘線處7562，第二個藍圈則為09:55當根五分線，所以空方線就在綠線處的7498，而在09:55過後恰好指數持續下殺，符合跌破空方線的放空原則，因此可作空在7490，終場空單回補7397，以獲利93點出場。

▼ 圖2-42台指期五分線圖

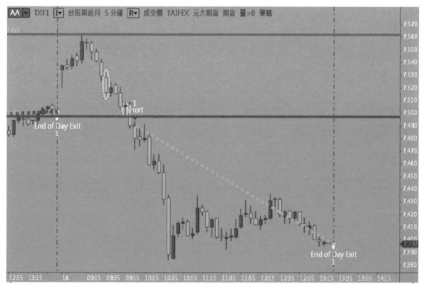

▼ 圖2-43五分當沖策略回測績效圖

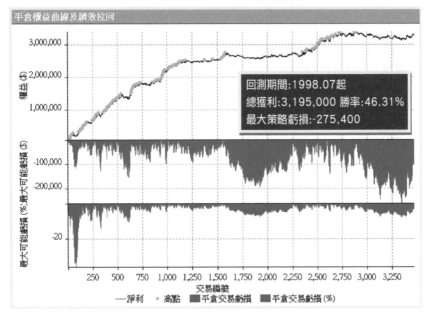

這樣操作當沖的績效表現如圖2-43，以這麼簡單的交易邏輯來看，表現並不差。獲利300萬元以上，且最大策略虧損在總獲利的10%以內，已經是一個及格的交易策略。除了當沖的方式，若改成留倉單咧？作多與作空的時間參數會不會改變呢？如圖2-44所示，測得最佳作多時間參數為09:50、作空則為09:55，總獲利近600萬元，最大策略虧損亦保持在低水準，可見台指期其實用很簡單的交易方法也是會有獲利的空間出現！

▼ 圖2-44五分波段策略回測績效圖

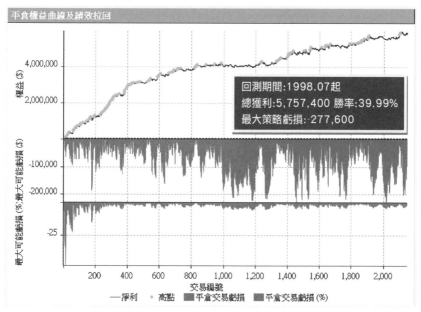

六、交易越簡單越好！

　　有些投資人交易時小心謹慎過了頭，設定了太多的條件過濾，有時反而會把該賺的大行情給漏失掉，筆者就曾見過一支專門計算籌碼變化來判斷多空的交易策略，雖然歷史回測績效看起來很穩定，但在2008.05月台指期開始大幅下跌四千點時，卻連一次放空的訊號都沒有，頗令人匪夷所思，這就是標準的邏輯失誤，此類策略表現可能相對會較一般交易策略穩定，因為交易次數少之又少，只會抓到超級大的行情，不過因為對行情波動反應太遲緩，僅可用來當作眾多策略其一罷了！

筆者在2010年開始有機會到中國大陸的期貨公司演講相關期貨操作議題，並針對滬深三百期指有簡單的研究，發現滬深三百期指自2010.04上市以來，其實日K棒都收的相對乾淨，我們稱乾淨的K棒就是指實體線要越大越好，相較滬深三百指數，台指期較易收長上、下影線，對於一般順勢交易者，難度會較高。簡單舉個例子，假設我們先定義出前五根K棒最高點為VALUE1、前五根K棒最低點為VALUE2，如果突破VALUE1就多單進場、跌破VALUE2則反手放空。

▼ 圖2-45滬深300日線突破策略回測績效圖

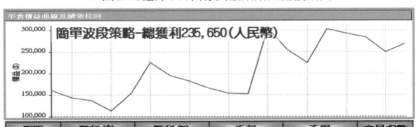

期間	獲利($)	獲利(%)	毛利	毛損	交易次數
Feb-11	54600	19.43	54600	0	1
Jan-11	-21000	-6.95	31350	-52350	4
Dec-10	-22500	-6.93	9450	-31950	3
Nov-10	19200	6.29	99750	-80550	3
Oct-10	142200	87.16	142200	0	2
Sep-10	-15000	-8.42	10950	-25950	4
Aug-10	-58800	-24.82	0	-58800	4
Jul-10	78900	49.92	83250	-4350	2
Jun-10	15900	11.19	44850	-28950	3
May-10	42150	42.15	60000	-17850	3

　　如圖2-45，從2010.04月至2011.02月份總獲利可達人民幣23萬元左右，換算台幣約100萬元左右，我們比較同期的台指期，同樣的策略作法，如圖2-46績效為虧損27萬，表示兩地市場其實存在不小的差異，大陸的滬深三百期指相較台指期來說，回溯績效看起來有較佳的獲利機會！

▼ 圖2-46台指期日線突破策略回測績效圖

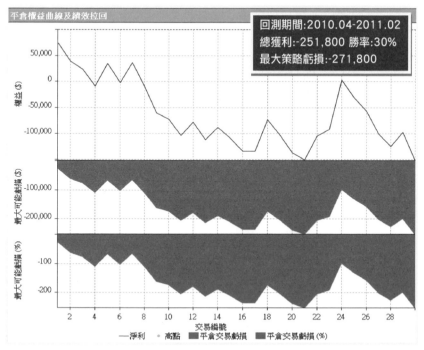

七、特立獨行的K棒交易模式

　　我們看到的K棒型式通常是以時間週期劃出，如小時線、日線及週線等，不過當越來越的人使用相似的系統，如順勢突破等等，進場的時間可能會全部擠在一起，就像連續假期的高速公路一樣擁塞，也就是說當行情太大時，幾乎所有策略的進場時間應該一樣都是在09:15或是09:30之類的相似時刻被觸發，如此會有一個最大的缺點，就是滑價的情形只會越來越嚴重，對於交易人的成本負擔會有相當大的影響。正因如此，若我們試試與別人迥然不同的K棒劃法，是不是更能改善自己的程式績效表現？

　　透過MULTICHARTS的多功能商品設定，假設我們以成交量堆積的方式來劃K棒，也就是以每一萬口台指期的成交量來劃一根K棒，因此若某日交易量有二十萬口，K棒數目較多，反之若量縮至十萬口，則當日K棒數會大幅減少，姑且不論這樣操作會不會獲利，至少在交易滑價的損失之上，會有實質的改善效果。我們以系統內建的凱勒通道(KELTNER CHANNEL)策略為基準，將其運用在特殊K棒上試試交易效果如何？

　　首先解釋一下凱勒通道定義，中通道為均線，上通道則為中通道加上1.5倍ATR(平均真實區間)，下通道則為中通道減掉1.5倍ATR(平均真實區間)。在計算ATR指標時，要先算出TR(True Range)這個數列，TR有一個明確的定義，它指的是在以下三個數字

中最大的數字:今日最高價減最低價、今日最高價減昨日收盤價的絕對值、今日最低價減昨日收盤價的絕對值。

　　凱勒通道的上、中、下三條通道線正常應會呈現整齊的排列，不像布林通道常會有開開合合的寬窄波動，此外，通道策略又可概分為二大類，順勢交易與逆勢交易，本段我們示範的是凱勒通道的順勢交易法。如圖2-47所示，若有連續兩根K棒的收盤價由下往上穿越了上通道，如圖第一根K棒收盤價為8500，第二根收盤為8530，則第二根K棒的最高點8535加一點就是之後的多單進場點(8536)，但若第二根之後的價位再也沒有碰觸到8536，則多方也沒有進場機會；同理，若有兩根K棒的收盤價穿越下通道，則第二根的低點減一點就是空方進場關鍵點位。

▼ 圖2-47凱勒通道策略交易示意圖

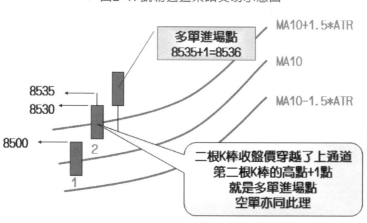

　　將台指期每一萬口成交量劃成一根K棒後，再將凱勒通道呼叫出來，績效圖表如圖2-48所示，績效曲線表現相當平滑，顯示是個可長期跟隨的交易模式！更重要的是，我們利用程式交易平台的特殊功能，在進場時間的差異化上，會與普羅大眾有較為不同的創新空間！

▼ 圖2-48凱勒通道策略績效回測圖(每萬口劃一根K棒)

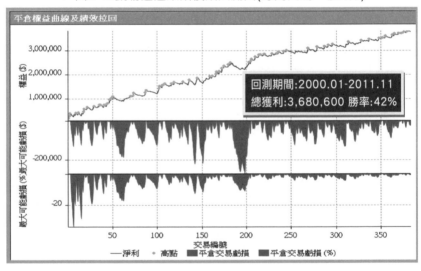

第**3**章

台指期十大技術指標關鍵解碼

一、技術指標的迷思－KD指標

在這一個章節，我們把市場中交易人最熟悉的十大技術指標獨立出來研究，看看投資大眾在教科書上或是投資說明會上所學，是否有進一步運用在期貨交易來獲利的機會？若測出來發現完全不能使用在台指期上，我們另外再加上某些濾網條件，或是調整指標用法，看看是否可以提升交易績效？並進一步創造讀者自己專用的獨門交易策略。

我們首先以KD指標為例，這大概是所有人都知道的指標之一，同時也是市場中百分之七十以上的人都在使用的多空準則，大家看法一致，這一定不是一件好事！如圖3-1虛線處，時間正好為2011年八月初希臘倒債疑雲所引起的全球指數修正，傳統交易人對KD指標的用法一定是在高檔交叉向下時放空；低檔黃金交叉時買進，所以八月初時，日KD自八十向下修正，果然在這一段時間週期中，真的可以用KD指標抓到一千五百點的修正，但事情不會這麼簡單的，我們在後面的段落再來回測看看，長期如此交易真的會賺到錢嗎？

▼ 圖3-1 台指期日線與KD指標圖

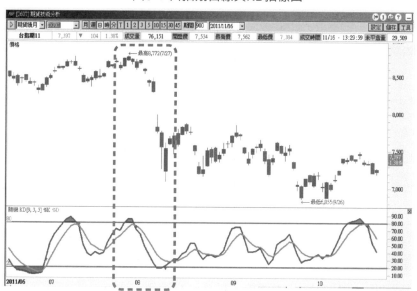

1.KD隨機指標定義

KD指標為市場當中最常被人使用的一套技術分析工具。其適用範圍以中、短期投資的技術分析為最佳。隨機指標的理論認為：當股市處於多頭時，收盤價往往接近當日最高價；反之在空頭時，收盤價比較接近當日最低價，該指數的目的即在反映出近期收盤價在該段日期時間中價格區間的相對位置。另它的計算公式如下，先計算出RSV，RSV=(第n天收盤價-最近n天內最低價)*100/(最近n天內最高價-最近n天內最低價)，計算出RSV之後，當日K值(%K)=2/3*前一日K值+1/3*RSV；當日D值(%D)=2/3*前一日D值+1/3*當日K值。

2.KD指標傳統用法

我們簡單的在網路上蒐尋KD指標資訊，相信也是一般投資人對這個指標的認知，我們可以歸納整理，得到以下三個重點：

(1)如果行情是一個明顯的漲勢，會帶動K線與D線向上升。如漲勢開始遲緩，則會反應到K值與D值，使得K值跌破D值，此時中短期跌勢確立；反之當K值穿越D值向上，則漲勢確立。

我們將這一段邏輯利用MULTICHARTS回測看看，試試有沒有機會可以賺到錢？交易邏輯為當K值跌破D值死亡交叉時，我們就進場放空一口台指期；當K值突破D值黃金交叉時，就進場作多一口台指期。我們分別利用週線、日線、小時線、十五分線來測試，在沒有設定停損與停利的狀況之下，績效結果如表3-1所示，由於邏輯過於簡單，在實務操作上幫助並不大，只有六十分線看來有獲利機會，不過最大策略虧損與總獲利金額差不多，表示連續虧損明顯過大，這種策略是沒有人可以跟得住的！對交易並無太大幫助。

(2)K值與D值的交叉，須在八十以上，二十以下(另有一派說法為七十與三十；視市場投機程度而彈性擴大範圍)，指標訊號會更正確。

表3-1 KD策略績效比較表(回測期間：1998.07-2011.11)

	週線	日線	60分線	15分線
總獲利	(1,937,200)	(3,462,600)	1,801,000	(8,044,000)
勝率	34.78%	33.57%	37.88%	29.52%
最大策略虧損	(2,341,400)	(3,833,800)	(1,153,800)	(8,856,000)
平均獲利金額	90,912	43,480	21,200	10,615
平均虧損金額	(70,011)	(29,412)	(12,081)	(5,396)
賺賠比	1.3	1.48	1.75	1.97
年週期獲利分析				
1998年績效	-	10,500	72,900	(362,700)
1999年績效	(170,500)	230,400	64,600	(320,000)
2000年績效	(893,200)	(1,393,600)	708,000	1,375,400
2001年績效	106,000	(121,600)	482,600	(1,140,000)
2002年績效	(542,600)	(157,600)	(250,600)	(935,000)
2003年績效	(120,000)	(124,200)	212,000	(906,800)
2004年績效	(181,200)	(541,400)	(55,400)	(738,000)
2005年績效	63,800	(12,800)	(21,600)	(832,600)
2006年績效	347,600	(186,800)	19,400	(586,800)
2007年績效	273,600	(177,400)	(45,400)	(56,400)
2008年績效	163,200	(321,000)	(394,600)	(436,200)
2009年績效	(154,600)	(57,800)	(21,200)	(1,457,000)
2010年績效	(178,000)	(385,800)	91,800	(812,400)
2011年績效	(644,400)	(234,200)	355,400	(839,600)

　　KD隨機指標的第二個操作重點提到，光是交叉是不夠的，死亡交叉要發生在七十或八十以上，才能進場作空；反之，黃金交叉要發生在二十或三十以下，才能進場作多，我們從第一個操作重點延伸，另外加上K值與D值的位置來回測，績效比較表如表3-2，看起來效果更差了，之前獲利的六十分線也只剩獲利20多萬元，雖然這個策略每個時間週期的勝率都很高，不過賺賠比都是負數，表示

跟越久會虧越多，重點是這樣操作是屬於高賣低買的逆勢系統，若運用在實務操作上，明顯會吃大虧！

(3)當D值跌至15以下時，意味市場嚴重超賣，為買入訊號；當D值超過85以上時，意味市場嚴重超買，為賣出訊號。

表3-2 KD策略加上KD值位置績效比較表
(回測期間：1998.07-2011.11)

	週線	日線	60分線	15分線
總獲利	(211,000)	(1,397,000)	271,600	(2,981,600)
勝率	53.33%	57.14%	59.2%	60.05%
最大策略虧損	(1,027,800)	(2,208,600)	(975,200)	(3,202,200)
平均獲利金額	138,525	79,950	37,281	18,589
平均虧損金額	(188,457)	(148,933)	(52,447)	(34,275)
賺賠比	(0.74)	(0.54)	(0.71)	(0.54)
年週期獲利分析				
1998年績效	-	222,500	(245,100)	(254,900)
1999年績效	-	192,800	(382,400)	(466,400)
2000年績效	(540,700)	(587,400)	858,600	(108,200)
2001年績效	112,600	91,400	(248,200)	(510,600)
2002年績效	26,400	(179,600)	(260,000)	(534,800)
2003年績效	5,400	110,000	322,600	(329,400)
2004年績效	56,200	329,200	77,000	(125,800)
2005年績效	(112,600)	(291,000)	392,200	(113,400)
2006年績效	240,200	(72,600)	(368,400)	(261,200)
2007年績效	(102,800)	160,800	106,600	89,400
2008年績效	(78,400)	(893,000)	54,200	422,200
2009年績效	96,800	(574,800)	(226,800)	(278,800)
2010年績效	(179,600)	(41,400)	(292,200)	(55,000)
2011年績效	235,800	123,200	489,800	(458,600)

傳統KD隨機指標的第三個操作重點，試圖在市場出現極端價格變化時，搶到反彈或是抓到超漲的修正，一樣是屬於逆勢操作的思維，讓我們用相同的時間週期來檢驗看看有沒有獲利之機會，如表3-3，一樣只有週線策略有機會獲利，不過自1998年至今，交易只有詭異的六次，我想光是等交易機會的出現，投資人應該都會失去耐心！

表3-3 KD策略(15買、85賣)績效比較表(回測期間：1998.07-2011.11)

	週線	日線	60分線	15分線
總獲利	561,200	(225,800)	(1,085,200)	(3,643,800)
勝率	50%	51.61%	58.96%	57.17%
最大策略虧損	(1,212,400)	(1,966,000)	(2,197,400)	(3,854,800)
平均獲利金額	374,733	130,575	47,179	26,678
平均虧損金額	(187,666)	(154,333)	(80,259)	(51,452)
賺賠比	2	(0.85)	(0.59)	(0.52)
年週期獲利分析				
1998年績效	-	50,300	(154,300)	(571,100)
1999年績效	49,900	332,800	(629,600)	(1,076,000)
2000年績效	(41,200)	504,200	(209,000)	(779,600)
2001年績效	126,000	285,000	(14,800)	(374,800)
2002年績效	718,600	108,600	(106,600)	(425,600)
2003年績效	107,000	(239,600)	(182,800)	(307,400)
2004年績效	(33,000)	133,200	(220,000)	43,000
2005年績效	(112,600)	(106,800)	(247,400)	(83,400)
2006年績效	(257,000)	(304,600)	(154,000)	91,200
2007年績效	(102,800)	(120,600)	40,200	541,000
2008年績效	(184,800)	(458,800)	(5,000)	236,000
2009年績效	(138,800)	(455,600)	94,000	(682,600)
2010年績效	(179,600)	(67,000)	(241,800)	(298,200)
2011年績效	317,600	(90,600)	964,200	36,800

3.KD指標的修正用法

從上面三張績效比較表，明顯的我們可以看出，按照傳統KD指標來操作，由於是高賣低買的作法，用在股票交易或許可行，但可能忽略了期貨高還會更高、低還會更低的鈍化情形，我們試著將KD指標之作法反傳統，也就是在高檔時我們才作多、低檔時才放空，並藉此衍生出幾種另類操作思維！

(1)修正用法一：作多時機-K值與D值均在高檔，且KD黃金交叉；作空時機-K值與D值均在低檔，且KD死亡交叉。

至於高檔與低檔的基準線是否仍為傳統的八十、二十？我們透過參數最佳化的探勘動作，將四種時間週期的最佳參數找出。績效表現如表3-4，這一種KD的修正用法幾乎都可以讓所有時間週期的總績效來到200萬元以上了，不過共通的缺點都是最大策略虧損金額偏高，都大於總獲利的十分之一，並不符合一個好策略的基本要求。不過比起傳統KD的交易方式，勇於追高殺低似乎才是獲利之道！

(2)修正用法二：作多時機-K值與D值均在高檔，且KD死亡交叉；作空時機-K值與D值均在低檔，且KD黃金交叉。

表3-4 KD策略(高檔金叉買、低檔死叉賣)績效表
(回測期間：1998.07-2011.11)

	週線 參數(55.32)	日線 參數(83.29)	60分線 參數(90.20)	15分線 參數(55.30)
總獲利	2,440,400	1,962,800	2,180,600	3,940,200
勝率	61.9%	46.67%	38.42%	38.42%
最大策略虧損	(442,400)	(811,000)	(708,800)	(663,600)
平均獲利金額	230,984	135,640	99,740	23,304
平均虧損金額	(70,300)	(69,615)	(49,412)	(12,066)
賺賠比	3.29	1.95	2.02	1.93
年週期獲利分析				
1998年績效	-	(131,500)	122,300	436,100
1999年績效	35,300	(47,600)	419,200	1,054,800
2000年績效	935,200	831,000	1,205,000	936,800
2001年績效	(71,400)	74,400	(120,800)	545,200
2002年績效	55,000	(179,000)	172,600	(157,800)
2003年績效	75,600	(313,200)	137,600	258,800
2004年績效	22,200	5,800	266,600	181,000
2005年績效	47,400	73,200	(292,000)	(5,400)
2006年績效	183,000	234,200	183,000	389,200
2007年績效	222,200	21,200	8,200	611,400
2008年績效	604,600	1,030,200	232,800	(215,400)
2009年績效	495,600	428,800	(368,000)	409,200
2010年績效	67,600	(305,400)	139,400	(335,400)
2011年績效	(144,400)	225,800	66,800	(176,800)

　　第一個修正用法為高檔時黃金交叉作多，會不會有追太高的疑慮？大家常會聽到股市專家說要買黑不買紅，那麼如果能在強勢格局中壓回再作多、超弱格局中反彈才放空，績效是不是會比KD的修正用法一效果更好？回測績效表如表3-5，一樣都還是可以呈現正獲

利狀態，尤其以日線表現最為穩定，惟最大策略虧損偏高的情形並沒有改善，應可以透過加上交易濾網之方式來壓縮連續虧損幅度。

表3-5 KD策略(高檔死叉買、低檔金叉賣)績效表
(回測期間：1998.07-2011.11)

	週線 參數(79.22)	日線 參數(79.28)	60分線 參數(82.27)	15分線 參數(80.29)
總獲利	512,400	3,537,000	1,179,600	2,314,600
勝率	100%	51.11%	42.86%	40.15%
最大策略虧損	(670,200)	(614,000)	(726,000)	(820,400)
平均獲利金額	170,800	219,321	70,990	41,090
平均虧損金額	-	(68,518)	(44,899)	(22,942)
賺賠比	-	3.2	1.58	1.79
年週期獲利分析				
1998年績效	-	(174,700)	213,700	267,300
1999年績效	-	139,200	667,600	232,800
2000年績效	278,100	1,267,800	201,000	569,800
2001年績效	(126,000)	192,600	(101,400)	301,800
2002年績效	179,800	169,600	221,600	233,600
2003年績效	(139,800)	31,400	41,600	400,200
2004年績效	33,000	(26,600)	(132,000)	100,600
2005年績效	112,600	139,800	(167,400)	67,000
2006年績效	257,000	1,800	406,000	56,400
2007年績效	102,800	179,600	107,000	(43,400)
2008年績效	224,800	978,600	1,400	381,400
2009年績效	(98,800)	568,800	204,000	(135,600)
2010年績效	179,600	(172,600)	(159,800)	(241,800)
2011年績效	(324,200)	225,600	(302,400)	151,800

二、技術指標的迷思 - RSI指標

1.RSI指標定義

RSI在1978年6月由懷達爾研究，並發表在美國《Commodities》雜誌中（現為《Future》雜誌）。比起其他的技術指標分析工具，RSI是其中一種較容易向大眾推廣的計量工具，故一推出便大受歡迎。根據懷達爾的測量結果，當RSI參數為14時，指數最具代表性。他並指出當某股票的RSI上升至70時，代表該股票已被超買，投資者應考慮賣出該股票。反之，當RSI跌至30時，代表股票被超賣，投資者應找機會買進股票。從原發明者對RSI的解釋看來，很明顯的是將RSI指標當成逆勢系統來操作，也就是在指數高檔時應考慮放空操作、指數低檔時逢低買進則較佳。

2.RSI指標傳統用法

傳統RSI作法不外乎以下幾種，讓我們來一一檢視運用在台指期上的效果如何？

(1)以14日RSI值為例，80以上為超買，90以上或M頭為賣點；20以下為超賣，10以下或W底為買點。

我們將四種時間週期放在一起回測，策略思考方式為當RSI由上向下穿越80時就進場放空；RSI由下往上穿越20時作多，績效表現如表3-6，從表中得知，對較長週期的K棒而言，由於RSI要出現八十以上或二十以下機會並不大，所以交易機會並不多，包括週線

只交易過一次、日線只交易過三次，不過日線三次全勝，亦代表當指數出現太劇烈的變動之時，反而應該站在另一個面向來思考。表3-6還告訴我們一件事，就是RSI逆勢操作或許可用在股票上，但若運用在台指期上，恐會一敗塗地！實務交易上應謹慎為之。

表3-6 RSI策略績效比較表(回測期間：1998.07-2011.11)

	週線 (交易一次)	日線 (交易三次)	60分線	15分線
總獲利	(344,200)	1,446,200	(2,532,800)	(1,869,200)
勝率	0%	100%	55.69%	55.69%
最大策略虧損	(1,414,400)	(1,216,200)	(2,712,600)	(2,999,200)
平均獲利金額	-	482,066	110,775	52,733
平均虧損金額	(344,200)	-	(239,177)	(91,532)
賺賠比	-	-	(0.46)	(0.58)

(2)當6日RSI由下向上穿過12日RSI時，可視為買點；反之當6日RSI由上貫破12日RSI而下時，可視為賣點。

第二個傳統的RSI用法是將RSI以兩條不同參數之指標呈現，書中說明以6表示短參數、12為較長參數，我們寫出了相似的程式邏輯來測試，當短線穿長線向上時為黃金交叉，台指期就作多一口；另當短線穿長線向下時為死亡交叉，台指期就作空一口，我們將四種時間週期放在同一比較表中，同時針對6與12這兩個短期與長期參數來分別作最佳化。如表3-7所示，類似的交易策略看起來對長週期K線較為有利，自60分線以上週期來回測，看來都有獲利潛力，不過獲利集中在1998至2000年間，檢視之後幾年的獲利能力已大打折

扣,運用在實務交易上,用處恐怕不大!同時用在15分線的短週期已開始出現虧損,應與交易次數過多導致交易成本大幅提高有關。顯示傳統只以兩條RSI指標來判斷多空,思濾並不夠謹慎,可能必須加上些交易濾網來增加交易績效!

表3-7 RSI策略績效比較表(回測期間:1998.07-2011.11)

	週線 參數(10.22)	日線 參數(12.48)	60分線 參數(2.14)	15分線 參數(11.88)
總獲利	3,270,400	2,000,400	3,264,200	(1,311,000)
勝率	43.84%	36.36%	35.5%	22.86%
最大策略虧損	(584,200)	(778,800)	(712,000)	(4,117,200)
平均獲利金額	158,743	58,838	16,865	17,034
平均虧損金額	(44,131)	(25,889)	(8,385)	(5,308)
賺賠比	3.6	2.27	2.01	3.21
年週期獲利分析				
1998年績效	-	197,700	156,900	393,900
1999年績效	-	328,000	1,140,000	755,200
2000年績效	1,167,700	478,200	1,107,600	1,274,800
2001年績效	291,400	251,400	413,400	176,800
2002年績效	321,000	(135,200)	(219,000)	(494,400)
2003年績效	(12,600)	(78,400)	66,200	(618,000)
2004年績效	71,600	430,400	36,800	(660,400)
2005年績效	4,600	219,800	(321,200)	(594,000)
2006年績效	293,800	140,200	(51,000)	(405,400)
2007年績效	8,200	319,000	562,600	(148,600)
2008年績效	477,200	477,400	532,200	(41,400)
2009年績效	518,200	(255,800)	(161,200)	(348,400)
2010年績效	226,000	210,600	88,200	(371,400)
2011年績效	(18,200)	(568,400)	(53,400)	(184,800)

(3)當出現類似這樣的訊號：3日RSI>5日RSI>10日RSI>20日RSI，顯示市場是處於多頭行情；反之則為空頭行情。

表3-8 RSI策略績效比較表(回測期間：1998.07-2011.11)

	週線參數 (4.12.28)	日線參數 (4.12.46)	60分線參數 (2.20.58)	15分線參數 (2.20.60)
總獲利	2,146,600	1,884,800	2,612,200	2,705,400
勝率	50%	38.02%	30.06%	30.4%
最大策略虧損	(447,400)	(724,400)	(476,800)	(516,200)
平均獲利金額	138,308	60,718	34,329	34,150
平均虧損金額	(48,866)	(28,421)	(12,190)	(12,216)
賺賠比	2.83	2.14	2.82	2.8
年週期獲利分析				
1998年績效	-	-	61,300	52,900
1999年績效	-	232,700	730,000	765,600
2000年績效	-	429,200	338,000	299,200
2001年績效	-	287,200	566,400	574,400
2002年績效	193,500	(121,600)	78,400	80,400
2003年績效	(57,600)	(114,400)	285,400	302,200
2004年績效	78,000	452,000	205,400	216,600
2005年績效	42,200	249,400	(31,600)	(21,200)
2006年績效	235,400	167,400	108,600	148,600
2007年績效	8,200	371,800	107,000	161,400
2008年績效	761,600	469,800	(273,200)	(266,800)
2009年績效	721,000	(263,800)	243,400	215,800
2010年績效	322,400	263,000	(42,200)	(65,000)
2011年績效	(134,800)	(485,200)	324,000	329,200

　　第三種方式為將多條不同參數之RSI列出，當多頭排列時就作多，空頭排列時放空，書中列出四個參數，分別為3、5、10、20，

我們將其簡化成三個參數，並分別回測最佳化參數如表3-8，整體來說都可以維持獲利格局，但總獲利不多，且最大策略虧損都偏高，不過與第二種RSI傳統用法相反的是，短分線如15分線在多頭排列的策略運用上，績效明顯較佳，不過看起來一樣有很大的調整空間！

3.RSI指標的修正用法

回測過市場中流傳以已久的三類交易用法後，有的可行、有的則可調整空間較大，接下來的段落我們試試有沒有改善的空間？針對RSI指標，是否有創造每年穩定獲利的機會？

(1)修正用法一：以14日RSI值為例，突破55以上為買點；跌破45以下為賣點。

既然將RSI當作逆勢指標走不通，我們改為順勢突破交易方法，也就是改成當RSI指標由下向上突破某個多方基準值就作多；由上向下突破某個空方基準值就作空，並針對四種時間週期來回測最佳的RSI參數與多方、空方基準線位置。類似的交易方式，美國有一位資深操盤手Cardwell也曾提出過，他的操作邏輯非常簡單，純粹以RSI為分析的基礎，只要RSI大於60，就是多頭市場的來臨，一直操作到代表空頭市場的RSI小於40為止；反之，當RSI小於40，就代表空頭市場的開始，一直操作到代表多頭市場的RSI大於 60為止。我們回測台指期若以類似的方法來交易，績效表會如3-9所示，

順勢操作明顯大幅提昇了績效的穩定性，尤其以60分線看來更爲優異，最大策略虧損已靠近總獲利10%水準，同時只有在2010年曾出現過虧損，可見RSI指標還是應該順勢交易較佳！Cardwell的理論會比懷達爾實用一些。

表3-9 RSI策略績效比較表(回測期間：1998.07-2011.11)

	週線參數 (10.55.45)	日線參數 (10.65.40)	60分線參數 (16.55.45)	15分線參數 (28.60.40)
總獲利	1,643,000	2,396,200	4,247,600	4,505,800
勝率	39.29%	41.25%	37.85%	41.06%
最大策略虧損	(765,800)	(824,000)	(470,800)	(547,800)
平均獲利金額	267,654	160,296	55,755	54,496
平均虧損金額	(76,541)	(61,565)	(21,088)	(23,512)
賺賠比	3.5	2.6	2.64	2.32
年週期獲利分析				
1998年績效	-	86,300	129,900	342,100
1999年績效	-	(214,000)	784,400	761,600
2000年績效	699,900	562,600	1,063,000	1,010,600
2001年績效	255,400	317,400	649,400	553,000
2002年績效	263,600	269,200	109,200	102,800
2003年績效	82,200	247,200	35,800	104,600
2004年績效	(2,200)	(47,200)	288,600	385,800
2005年績效	(49,800)	50,600	137,400	181,400
2006年績效	50,600	245,800	189,200	403,200
2007年績效	(50,200)	153,200	239,000	233,400
2008年績效	450,600	932,600	604,800	448,800
2009年績效	458,000	(151,200)	125,400	77,000
2010年績效	(233,200)	(76,600)	(128,600)	(143,000)
2011年績效	7,800	47,000	90,600	115,000

　　(2)修正用法二：在15分線中，二條RSI黃金與死亡交叉看來會虧損，我們試著加入其他交易條件，改善交易績效。

表3-10 RSI策略績效表(回測期間：1998.07-2011.11)

	十五分線	三十分線
總獲利	6,450,600	4,951,200
勝率	36.65%	33.91%
最大策略虧損	(422,600)	(419,800)
平均獲利金額	25,881	28,723
平均虧損金額	(10,169)	(10,476)
賺賠比	2.55	2.74
年週期獲利分析		
1998年績效	460,900	384,700
1999年績效	813,600	1,083,600
2000年績效	2,031,100	1,521,300
2001年績效	799,300	616,300
2002年績效	234,200	167,200
2003年績效	448,000	196,800
2004年績效	106,400	(12,400)
2005年績效	154,200	12,900
2006年績效	137,800	111,300
2007年績效	522,800	131,600
2008年績效	89,300	96,300
2009年績效	(106,700)	129,700
2010年績效	195,800	131,000
2011年績效	571,400	419,200

　　在原本的交易邏輯中我們加入一些多空濾網，作多時除了短RSI要穿長RSI向上之外，高點亦要過每日前三十分鐘之高點，舉

個例子來說，2011.11.21當日前三十分鐘最高點為7188、最低價為7128，當日若要作多，則一定要高點突破7188才啟動多方訊號，另外在進場時，亦加上買一定要買在前三根K棒的高點之條件。放空的道理亦同，當日若要作空，則一定要低點跌破7128才啟動空方訊號，在進場時，放空一定要空在前3根K棒的低點。

　　加入這樣的交易濾網之後，績效表現會如表3-10所示，從十五分線切入，總獲利達到600萬元以上，最大策略虧損為總獲利的6.5%，長期賺多賠少，只有2009年曾虧損過，就算在2004至2005這二年大盤整年，還能保持獲利10萬元以上的水準，曲線績效圖如圖3-2，類似的績效曲線圖上，綠色小點表示績效創新高，顯見加上交易濾網之後的效果斐然！

▼ 圖3-2 RSI十五分波段策略績效圖

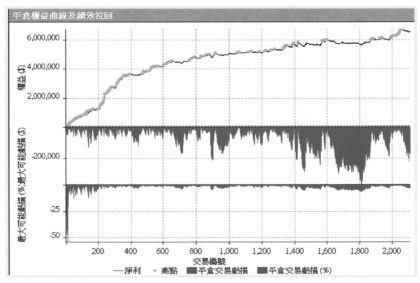

4.RSI加KD指標當沖策略示範

在第一段中我們探討KD隨機指標的用法，找出在高檔作多、低檔作空的思考模式為致勝之道，同時在本段中我們另外發現了RSI指標的交易方式亦應以順勢操作較佳，若我們將兩個指標整合在一起，也就是當五分KD來到高檔死亡交叉且五分RSI也大於某一個多方基準線時就作多；反之，當五分KD來到低檔黃金交叉且五分RSI也小於某一個空方基準線時就作空，回測績效表如表3-11，我們同時呈現五分線與十分線兩種當沖時間週期，大致上都可以維持每年大賺小賠的榮景，尤其以圖3-3為例，若以十分線來當沖，績效曲線呈現45度角上揚，每年都保持獲利，已經是一個可立即上線的交易策略了！

▼ 圖3-3 五分KD加RSI當沖策略績效圖

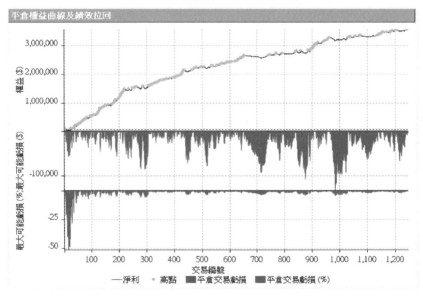

表3-11 RSI與kd綜合當沖策略績效表(回測期間：1998.07-2011.11)

	五分線 KD參數(80.20) RSI參數(45.60)	十分線 KD參數(85.15) RSI參數(45.55)
總獲利	3,621,000	3,442,600
勝率	46.19%	55%
最大策略虧損	(170,600)	(152,800)
平均獲利金額	12,024	12,180
平均虧損金額	(8,258)	(8,890)
賺賠比	1.46	1.37
年週期獲利分析		
1998年績效	379,000	249,400
1999年績效	770,000	712,000
2000年績效	1,095,800	584,200
2001年績效	366,800	505,200
2002年績效	191,600	118,200
2003年績效	25,800	170,200
2004年績效	183,800	181,200
2005年績效	(53,400)	24,200
2006年績效	70,400	64,800
2007年績效	216,600	164,400
2008年績效	236,600	340,000
2009年績效	61,600	99,400
2010年績效	149,400	147,000
2011年績效	(73,000)	82,400

三、技術指標的迷思-MACD指標

1. MACD指標定義

　　MACD為根據移動平均線(MA)較易掌握趨勢變動的優點所延伸出來的一種分析方式。其基本原理是運用兩條不同速度的指數平滑移動平均線來計算兩者之間的差離狀態(又稱為DIF)，然後再對DIF進行一次平滑移動平均即為DEM線。簡而言之，MACD指標就是對長期與短期的移動平均線收斂或發散的徵兆，加以雙重平滑處理，用以研判買賣股票的時機與信號。

　　如圖3-4所示，咖啡色線段為DIF線、藍色線段為DEM線，紅色柱狀體為DIF減去DEM(一般稱為XMACD)，MACD指標就是透過這三個主要元素來判斷目前多空趨勢，在傳統的MACD運用上頗為單純，以第一個紅圈處為例，DIF由下往上穿越DEM，為明顯走揚格局；另在第二個圈圈處，DIF由上往下跌破DEM，多單就宜先退出觀望。不過光是這樣判斷買進與賣出的訊號，恐怕過於簡單，交易次數也有過高的疑慮，若運用在實務交易上必須再加以修正、調整較為安全！

▼ 圖3-4 台指期十五分MACD圖

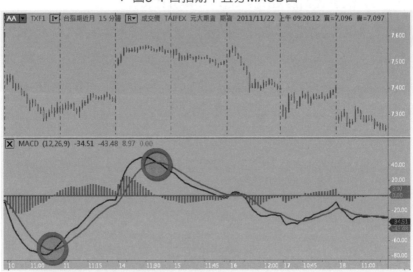

2.MACD指標傳統用法

(1)當DIF、DEM或XMACD值大於0時，一般可視為多頭市場(三者之值均大於0時，漲勢會更為明顯)；反之當DIF、DEM或XMACD值小於0時，可視為空頭市場(三者之值均小於0時，可視為大跌逃命訊號)。

我們同樣使用前幾個段落中的四種時間週期來回測，條件分別為DIF>0就作多、DIF<0就作空；以及DEM>0就作多、DEM<0就作空；XMACD>0就作多、XMACD<0就作空；最後再回測看看三者都成立才作多或作空。首先為DIF，績效比較表如表3-12，回測

結果幾乎全部都有獲利潛力，以一條簡單的DIF線為準則來交易就有這樣的表現，實在難能可貴！

表3-12 DIF策略績效比較表(回測期間：1998.07-2011.11)

	週線	日線	60分線	15分線
總獲利	817,200	1,521,600	3,315,400	2,409,400
勝率	40%	39.56%	35.74%	32.16%
最大策略虧損	(976,400)	(1,169,200)	(563,800)	(1,254,600)
平均獲利金額	247,000	133,144	61,417	30,156
平均虧損金額	(96,566)	(59,483)	(23,188)	(12,418)
賺賠比	2.56	2.24	2.65	2.43

除了DIF，接著我們檢驗DEM是否也會有類似的好成績，比較表如表3-13，大致上績效表現都較DIF指標差，週線時間格局甚至出現虧損現象，單獨使用時恐怕並不完備。最後，我們再以XMACD為多空基準測試看看，績效比較表如表3-14所示，表現比DEM還要更差！實務運用上並無太大參考價值。

表3-13 DEM策略績效比較表(回測期間：1998.07-2011.11)

	週線	日線	60分線	15分線
總獲利	(144,200)	1,690,600	2,230,000	1,414,200
勝率	38.89%	42.65%	36.65%	33.24%
最大策略虧損	(1,209,400)	(1,116,000)	(588,800)	(1,023,800)
平均獲利金額	177,914	159,544	68,114	34,302
平均虧損金額	(126,327)	(75,287)	(29,402)	(15,566)
賺賠比	1.41	2.12	2.32	2.2

表3-14 XMACD策略績效比較表(回測期間：1998.07-2011.11)

	週線	日線	60分線	15分線
總獲利	258,800	(265,000)	1,109,400	1,542,600
勝率	33.33%	35.29%	37.01%	35.64%
最大策略虧損	(1,370,000)	(1,462,000)	(1,011,800)	(1,586,800)
平均獲利金額	238,240	81,482	35,516	18,743
平均虧損金額	(110,493)	(46,050)	(19,467)	(9,916)
賺賠比	2.16	1.77	1.82	1.89

　　既然第一個傳統的MACD用法提到，『當DIF、DEM或XMACD值大於0時，一般可視為多頭市場，若三者同時大於0，漲勢更強』，所以我們將三個條件取交集來測試看看，也就是要同時符合均大於0或小於0時才進場交易，其績效比較表如3-15，表現與DEM一模一樣，並沒有太突出表現，可見傳統MACD交易模式還有很大一段的調整空間。

表3-15 【DIF AND DEM AND XMACD】策略績效比較表
(回測期間：1998.07-2011.11)

	週線	日線	60分線	15分線
總獲利	(144,200)	1,690,600	2,230,000	1,414,200
勝率	38.89%	42.65%	36.65%	33.24%
最大策略虧損	(1,209,400)	(1,116,000)	(588,800)	(1,023,800)
平均獲利金額	177,914	159,544	68,114	34,302
平均虧損金額	(126,327)	(75,287)	(29,402)	(15,566)
賺賠比	1.41	2.12	2.32	2.2

　　(2)DIF與DEM均在水平軸下方，且DIF由下往上穿過DEM線(即同義於XMACD值自下方突破水平軸)，是為買入訊號；反之為

賣出訊號。

這個部份，其實就是在描述若XMACD與零軸有穿越時就作動作，回測結果會如同表3-14所示，表現普通，上線交易恐有大問題！

(3)DIF由下往上穿過DEM線，是為買入訊號；反之為賣出訊號。

我們將這兩種指標視為一般技術分析常用的快線與慢線，若快線穿慢線向上黃金交叉就作多一口台指期；死亡交叉就放空一口台指期，績效會如同表3-16，果然如我們一開始之假設，交易次數過多，以十五分線為例，十多年下來，交易次數達到四千次以上，由於我們的滑價成本設定為每次交易1,000元，這樣已吃掉了400萬元以上獲利！總之，按照教科書上既有的MACD交易方式，勉強只有DIF效果較佳，其他的策略思考邏輯仍都需要調整一下。

表3-16 DIF與DEM交叉策略績效比較表
(回測期間：1998.07-2011.11)

	週線	日線	60分線	15分線
總獲利	(144,200)	(317,000)	(1,223,400)	(4,127,400)
勝率	38.89%	24.9%	24.44%	23.08%
最大策略虧損	(1,209,400)	(1,411,600)	(2,042,000)	(4,696,600)
平均獲利金額	177,914	81,279	35,529	19,224
平均虧損金額	(126,327)	(28,618)	(12,897)	(7,045)
賺賠比	1.41	2.84	2.75	2.73

3.MACD指標的修正用法

　　既然交易次數過多，我們先設定一些濾網來改善交易績效，我們常用的濾網有幾大類，第一種為先設定開盤到某一個時間的高低點為過濾條件，除非行情能夠大到突破多方或空方區域，否則都不進場。再來則針對進場方式來過濾，如在程式語法中我們有時會寫到buy next bar at highest(high,3)+5 stop，意思就是說當其他作多條件符合之後，買進價格為前三根K棒的最高點再加上五點，如此的作法亦會過濾掉部份假突破或假跌破的行情。

　　在MACD策略中，基本多空條件若為DIF與DEM的交叉狀況，我們再另外加上XMACD柱狀體的趨勢變化來考量，效果應會更好，也就是說若前二根的XMACD值小於前一根的XMACD值、前一根的XMACD值小於這一根的XMACD值，這樣就符合了XMACD柱狀體趨勢增加的作多格局；反之若XMACD柱狀體趨勢向下，才有空單進場的可能。最後我們將傳統交易模式加上這三種濾網條件，第一為考量開盤後前三十分鐘高低點；第二為XMACD柱狀體的趨勢變化，最後則是在進場條件加上前三根K棒高點或低點的設定。經過濾網的改善與調校之後，新的MACD策略如表3-17所示，十五分線格局獲利近550萬元，六十分線獲利雖只有260萬元，但幾乎每年維持獲利，顯見傳統單純的MACD策略經過一些交易條件修正調整之後，已經逐漸接近可實戰之水準！

表3-17 MACD加上濾網策略績效表(回測期間:1998.07-2011.11)

	十五分線 停損(0.01)、停利(0.05)	六十分線 停損(0.0125)、停利(0.025)
總獲利	5,447,000	2,618,200
勝率	38.71%	48.55%
最大策略虧損	(529,200)	(315,200)
平均獲利金額	27,552	30,803
平均虧損金額	(12,835)	(19,950)
賺賠比	2.15	1.54
年週期獲利分析		
1998年績效	289,600	236,800
1999年績效	957,700	594,500
2000年績效	1,766,100	73,500
2001年績效	698,600	137,100
2002年績效	99,500	29,100
2003年績效	513,600	340,300
2004年績效	31,000	52,000
2005年績效	71,200	115,500
2006年績效	77,000	148,900
2007年績效	281,600	261,400
2008年績效	277,700	(84,400)
2009年績效	(109,900)	523,600
2010年績效	68,000	228,000
2011年績效	469,000	(38,100)

▼ 圖3-5 十五分MACD波段策略績效圖

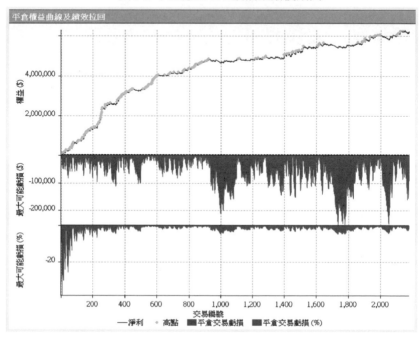

四、技術指標的迷思-CCI般若指標

1.CCI般若指標定義

CCI般若指標，也有不同交易系統叫作順勢指標，CCI其實是英文Commodity Channel Index的縮寫，由Donald Lambert發明。該指標與其他一些趨勢指標相似，也是幫助投資者及時跟上股價的趨勢方向。不同之處在於該指標根據股價離開平均線的絕對距離來進行計算，以把握股價出現極端走勢的機會。CCI的計算公式是一個比例式，分母是最近一段時間（一般是20天）波動的平均值，分子則為現在的股價離均線的距離。公式為：CCI＝（當天收盤價－均線）/20天絕對波動平均值。

如圖3-6，為台指期日線CCI指標圖，這張圖的時間區間為2011年06月至11月，我們把這段時間當中曾經出現100以上的格局以綠圈標出(如A與D處)、同時把-100以下格局以紅圈標記(如B與C處)，在這四個圈圈當中，共同的特色就是它們都是極端行情，而究竟CCI順勢交易較好？或是逆勢思考為佳？我們可以明確的判讀，A點與D點處都是波段起跌點，A點為2011.08月初，當時指數由八千七百點修正至七千點左右，D點則為2011.11月初，指數又由七千八百點修正至七千點，所以當CCI由上向下穿越100時是否就應該空單勇於進場？我們在之後的段落再一一印證給讀者明瞭。

▼ 圖3-6 台指期日線CCI圖

2.CCI般若指標傳統用法

(1)CCI的買進訊號為低值由下向上突破-100 時以及向上突破
+100 時；賣出訊號為由上向下跌破+100 時或向下跌破-100時。

第一個CCI傳統用法為當指標由下往上突破+100或-100時都是
多單進場；空單進場時機則為由上向下跌破+100或-100時，這樣的
用法由於進出場基準過多，交易次數恐怕不會太少，回測之績效比
較表如表3-18，以十五分線來說，回測期間交易次數為8815次，會
吃掉近900萬元的獲利。同時就四種時間週期來看，績效以負數居
多，只有六十分線會獲利，但最大策略虧損超過總獲利，可見第一

種傳統的CCI操作運用在台指期上並沒有獲利的潛力，交易人宜謹慎使用！

表3-18 CCI策略績效比較表(回測期間：1998.07-2011.11)

	週線	日線	60分線	15分線
總獲利	310,600	(1,515,400)	838,200	(3,574,000)
勝率	34.86%	36.3%	38.72%	32.65%
最大策略虧損	(970,000)	(2,014,000)	(1,464,600)	(5,673,600)
平均獲利金額	129,747	43,926	22,501	12,567
平均虧損金額	(65,067)	(29,033)	(13,744)	(6,762)
賺賠比	1.99	1.51	1.64	1.86

(2)當CCI指標從下向上突破+100而進入非常態區間時，表示股價脫離常態而進入異常波動階段，應及時買入；當CCI指標從上向下突破+100線而重新進入常態區間時，表示股價的上漲階段可能結束，將進入一個比較長時間的盤整階段，投資者應及時逢高賣出，空單道理亦同。

表3-19 CCI策略績效比較表(回測期間：1998.07-2011.11)

	週線	日線	60分線	15分線
總獲利	515,400	(614,200)	1,672,200	(922,200)
勝率	33.82%	35.34%	40.36%	29.81%
最大策略虧損	(584,000)	(1,112,200)	(668,200)	(3,140,200)
平均獲利金額	106,252	37,613	17,488	11,086
平均虧損金額	(42,853)	(23,291)	(9,995)	(5,025)
賺賠比	2.48	1.61	1.75	2.21

▼ 圖3-7 十五分線CCI策略績效回測圖

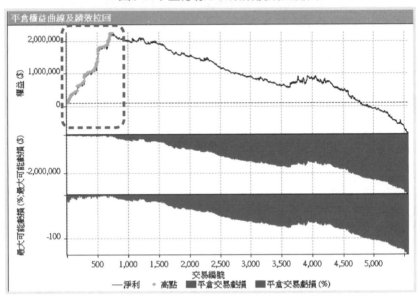

　　第二個傳統CCI用法為突破+100時買進，跌破+100多單出場；跌破-100時賣出，突破-100空單出場，這樣的作法停利其實設的很小，只操作真正夠大的行情，回測績效比較表如表3-19，績效大概都比第一個傳統用法稍加改善，不過仍不夠穩定，尤其如圖3-7，十五分線策略獲利全部集中在1998年至2000年間，可見過去亮眼的績效未必會等於未來，投資人在交易時還是要分散策略較為安全！

　　(3)6日CCI突破12日CCI黃金交叉為買進時機；跌破死亡交叉時為放空時機。

我們以CCI(6)與CCI(12)來回測四種時間週期績效，結果如表3-20，短分線看來沒有什麼發展潛力，十五分線竟交易了13000次，實務操作上看來一點參考價值都沒有。特別的是週線也出現近300萬元的虧損，有可能是6及12這二個參數並不適用在台指期，我們在下一段尋找看看有沒有更好的交易參數可以來使用。

表3-20 CCI策略績效比較表(回測期間：1998.07-2011.11)

	週線	日線	60分線	15分線
總獲利	(2,957,600)	216,600	(3,713,200)	(17,058,600)
勝率	40.14%	47.41%	44.44%	39.32%
最大策略虧損	(3,593,800)	(1,201,200)	(4,109,600)	(17,065,800)
平均獲利金額	79,814	33,670	14,435	6,612
平均虧損金額	(88,317)	(29,853)	(13,639)	(6,607)
賺賠比	(0.9)	1.13	1.06	1

3.CCI般若指標的修正用法

(1)修正用法一：CCI指標既然以逆勢交易較佳，我們設定幾個多空進場與出場參數來跑跑最佳化，藉以增加交易獲利的績效。

如圖3-8所示，我們在CCI指標由下向上穿越某個參數AA(如-100)時作多，同時為了怕原本獲利的單子抱成虧損，當CCI值穿越AA+CC時就把多單出場，例如測得之AA參數為-100，CC參數為50，就表示當持有多單後，若CCI也向上碰觸到-50(-100+50)，則多單立即獲利出場。空單的道理亦同，CCI指標由上向下穿越某個參數BB(如+100)時作空，同時為了怕原本獲利的單子抱成虧損，當

CCI值穿越BB-DD時就把空單出場，例如測得之BB參數為+100，DD參數為70，就表示當持有空單後，若CCI向下碰觸到30(+100-70)，則空單立即獲利出場。

　　績效報表如表3-21所示，明顯可見CCI若用在短分線週期可能會是一場不小的災難，使用在日線或週線格局雖然獲利看起來都不多，但每年大賺小賠，且勝率超高，以週線來說勝率達到八成以上，日線格局也近六成，若以選擇權的買方來操作，不失為一可參考之指標！

表3-21 CCI策略績效比較表(回測期間：1998.07-2011.11)

	週線 CCI參數(40) (-110.200.50.60)	日線 CCI參數(10) (-160.160.90.50)
總獲利	610,600	1,181,000
勝率	81.25%	58.45%
最大策略虧損	(182,800)	(187,000)
平均獲利金額	54,353	21,666
平均虧損金額	(32,000)	(16,751)
賺賠比	1.7	1.29
	60分線 CCI參數(50) (-140.180.70.50)	15分線 CCI參數(50) (-120.30.90.40)
總獲利	343,800	(853,600)
勝率	61.98%	60.76%
最大策略虧損	(319,800)	(1,217,400)
平均獲利金額	12,205	6,783
平均虧損金額	(17,603)	(12,198)
賺賠比	(0.69)	(0.56)

▼ 圖3-8 CCI逆勢交易示意圖

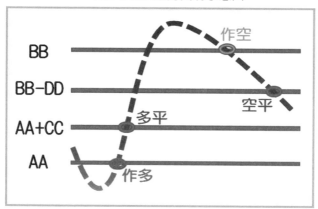

表3-22 CCI策略日線與週線績效比較表(回測期間：1998.07-2011.11)

	日線	週線
總獲利	1,181,000	610,600
年週期獲利分析		
1998年績效	62,600	-
1999年績效	252,800	-
2000年績效	146,800	25,400
2001年績效	76,600	233,800
2002年績效	148,600	48,000
2003年績效	(24,400)	6,400
2004年績效	41,400	161,200
2005年績效	20,200	40,000
2006年績效	34,000	8,000
2007年績效	(6,200)	(21,000)
2008年績效	249,200	(34,500)
2009年績效	(8,200)	104,100
2010年績效	30,400	39,200
2011年績效	126,300	(166,700)

(2)修正用法二：將CCI兩條快線與慢線交叉，加上交易濾網來調整。

在原本傳統CCI的交叉用法當中，我們加入之前在MACD中使用過的三大濾網，第一個為開盤到某一個時間的高低點為過濾條件，再來則針對進場方式來過濾，設定買進價格為前三根K棒的最高點再加上五點，賣出則為前三根K棒的最低點再減去五點。第三個條件我們加上MACD策略中，XMACD柱狀體的趨勢變化來考量。經過濾網的改善與調校之後，新的CCI交叉策略如表3-23所示，十五分線格局獲利已可以調整到500萬元以上，六十分線獲利也較傳統方式穩定不少！

表3-23 CCI策略績效比較表(回測期間：1998.07-2011.11)

	60分線 參數(16.56)	15分線 參數(12.22)
總獲利	3,406,000	5,273,800
勝率	35.5%	42.97%
最大策略虧損	(329,800)	(413,000)
平均獲利金額	38,368	17,762
平均虧損金額	(14,762)	(10,722)
賺賠比	2.6	1.66

五、技術指標的迷思-DMI指標

1.DMI隨機指標定義

在空頭市場中常會聽到客戶問，老師，這個盤會跌到幾點呀？我都會斬釘截鐵的回答，會跌到一點四十五分呀！這雖然是一句玩笑話，不過趨勢究竟何時會開始變大、何時較有機會結束？利用DMI指標中的相關元素其實可以有一個大概的輪廓。DMI指標的原文是Directional Movement Index，意思是「方向移動」指標，顧名思義就是可以讓您直接看出股價變動方向的指標，這個指標是由威爾德所提出，發表後亦普遍受到分析師的好評與肯定，不過由於計算公式較繁複，我們以簡單的圖示來讓讀者更快瞭解。

如圖3-9為台指期2011年9月起的日線圖，中間為+DM與-DI線段，有的平台為+DI與-DI，最下方則為ADX指標，可說是DMI中的主角，通常只要+DI大於-DI，格局就定義為多方；+DI小於-DI，格局就定義為空方。至於ADX指標，它是DX的N日平均值，DX公式為(+DI)-(-DI)(取絕對值)/(+DI)+(-DI)，當ADX持續上揚時表示趨勢持續，若持續下降則行情不會太大，會以橫盤格局為主。如圖3-9中虛線處為2011.10月中至11月中下旬，ADX值均在二十五以下，果然近二十五個交易日中，指數上下範圍不超過五百點，若是在這時操作單方向策略的投資人，績效表現必然不佳。

除了ADX指標的判讀，如圖3-19的A點處，-DI開始由下向上穿越+DI，盤勢由多轉空，指數亦向下修正近六百點之多，同時至

11月底ADX值並沒有轉頭向下跡象，跌勢就有持續維持的可能，亦顯見DMI這些指標在實務運用上參考價值並不低。

▼ 圖3-9 台指期日線與DMI圖

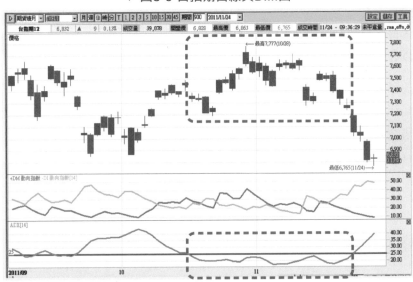

2.DMI指標傳統用法

(1)+DI為上漲方向指標，+DI值愈高，代表漲勢明確而強烈；-DI為下跌方向指標，-DI值愈高時，代表跌勢明確而有力。

第一個DMI指標的傳統用法，僅針對+DI與-DI的讀數來判斷，至於多少的值算是高？多少是低？我們分別以四種時間週期來測試，並試著找出+DI與-DI的基準值為何？程式邏輯的寫法很簡單，當+DI高於某一個基準值時(應介於0至100之間)，作多一口台指

期；反之，當-DI高於某一個基準值時，則作空一口台指期。回測績效報表如表3-24，四個時間週期都是獲利的，第一個DMI指標的傳統用法原則上不差，對於行情的大方向研判是會有幫助的。

表3-24 DMI策略績效比較表(回測期間：1998.07-2011.11)

	週線 (+DI：15) (-DI：25)	日線 (+DI：25) (-DI：30)	60分線 (+DI：25) (-DI：30)	15分線 (+DI：35) (-DI：35)
總獲利	1,818,200	1,243,400	2,950,600	2,966,600
勝率	48.65%	45.02%	38.64%	40.48%
最大策略虧損	(817,400)	(1,085,200)	(679,800)	(866,200)
平均獲利金額	57,042	57,923	34,677	35,987
平均虧損金額	(35,272)	(40,589)	(17,045)	(19,558)
賺賠比	1.62	1.43	2.03	1.84

(2)+DI線由下向上突破-DI線時，為買進訊號，若ADX線再上揚，則漲勢更強。+DI線由上向下跌破-DI線時，為賣出訊號，若ADX線再走上揚，則跌勢更凶。

第二個DMI指標的傳統用法主要以+DI與-DI的交叉狀況來判斷多空方向，而不論是+DI較大的多方勢或是-DI較大的空方勢，都要另外搭配上ADX上揚的條件，也就是ADX(14)[0]>ADX(14)[1]且ADX(14)[1]>ADX(14)[2]。我們將邏輯寫好後回測，績效報告如表3-25，感覺設想很週到的邏輯，效果卻還沒有第一個用法好，尤其是十五分與六十分線策略，獲利集中在前四年，近年來已一點獲利的潛力都沒有，這樣的思考還有很大的調整與修正空間！

表3-25 DMI策略績效比較表(回測期間：1998.07-2011.11)

	週線	日線	60分線	15分線
總獲利	81,400	(633,000)	2,163,000	1,779,800
勝率	40%	46.84%	39.35%	34.37%
最大策略虧損	(1,099,800)	(1,151,800)	(777,000)	(1,023,000)
平均獲利金額	199,125	61,716	55,015	31,046
平均虧損金額	(137,418)	(60,651)	(28,229)	(14,568)
賺賠比	1.45	1.02	1.95	2.13

(3)+DI線與 -DI線經常接近甚至糾纏不清，此時若ADX值亦降至20以下時，代表行情處於盤整的牛皮階段，作多或作空均不易獲利。

在這個段落增加了以ADX來出場的機制，我們延用第二個傳統DMI進場方法，並加上當ADX小於二十就出場的條件，績效報表如表3-26，明顯沒有改善績效的效果，僅剩六十分線可以獲利，不過平均虧損金額普遍降低，賠大錢的機會稍微變低一些，不過從總獲利的角度切入，本策略仍舊沒有太大參考價值。

(4)當ADX從上升的走向轉而為下降時，顯示行情即將反轉。故在漲勢中，ADX在高檔處由升轉跌，表示漲勢即將結束；反之，在跌勢中，ADX也在高檔處由升轉跌，亦表示跌勢將告結束。

表3-26 DMI策略績效比較表(回測期間：1998.07-2011.11)

	週線	日線	60分線	15分線
總獲利	(10,400)	(589,600)	1,456,200	(441,800)
勝率	40.68%	43.67%	39.43%	30.91%
最大策略虧損	(749,600)	(1,238,200)	(668,800)	(1,811,800)
平均獲利金額	72,666	36,362	23,083	12,977
平均虧損金額	(50,125)	(31,861)	(13,187)	(6,184)
賺賠比	1.45	1.14	1.75	2.1

　　在這個段落還是以ADX來出場，我們延用第二個傳統DMI進場方法，並加上當ADX值在二十五以上且連續二根K棒下降就出場，績效報表如表3-27，週線及十五分線都轉正績效了，不過這樣的表現離實戰仍有一段差距，可見只有第一種傳統用法績效較佳，其他的恐怕都不太能用在台指期的操作上！

表3-27 DMI策略績效比較表(回測期間：1998.07-2011.11)

	週線	日線	60分線	15分線
總獲利	783,200	(521,200)	753,200	431,600
勝率	39.43%	43.44%	42.31%	39.07%
最大策略虧損	(890,200)	(1,141,200)	(805,400)	(1,201,200)
平均獲利金額	23,083	46,804	28,691	15,964
平均虧損金額	(13,187)	(40,438)	(19,496)	(10,126)
賺賠比	1.75	1.16	1.47	1.58

3.DMI指標的修正用法

　　交易人若在網路上搜尋『DMI指標』，一定會找到一大串的使

用秘技與絕招，不過就如同我們上一段回測的結果，大部份都為不能實戰上場交易的策略思考，但或許使用在股票操作上成效斐然，已跨出期貨與選擇權的領域，我們於此不便評論。但若是硬要在台指操作上使用這個交易指標，是否有可以較穩定的方式可當作進出場依據！

(1)修正用法一：使用績效較穩定的+DI與-DI飆升時進場作多或作空，出場改為+DI與-DI反向變化時出場，並設定停損點。

如表3-28，加入新的出場規則之後其實績效沒有改善太多，但在連續虧損的控制上表現不錯，以十五分線策略看來，由於最佳停損參數為0.5%，最大策略虧損由原本的八十六萬大幅降低到四十五萬，在總獲利變化不多的狀況下，能達到減少一半最大拉回金額，也算是難能可貴了。至於六十分線，自2008年起每年虧損，可見DMI策略用在短分線週期效果較好！

(2)修正用法三：以+DI與-DI的交叉情形判斷多空，並加上三大交易濾網(今日高低區間、MACD指標中XMACD柱狀體趨勢變化、進出場要在前三根K棒的最高、最低點)。

表3-28 DMI修正策略一績效比較表(回測期間：1998.07-2011.11)

	60分線 參數(25.30) (停損0.75%)	15分線 參數(40.35) (停損0.5%)
總獲利	2,984,200	2,970,400
勝率	29.45%	30.4%
最大策略虧損	(725,000)	(450,600)
平均獲利金額	29,500	24,637
平均虧損金額	(9,579)	(7,837)
賺賠比	3.08	3.14
年週期獲利分析		
1998年績效	297,200	233,400
1999年績效	828,700	465,100
2000年績效	980,500	1,154,500
2001年績效	524,500	316,100
2002年績效	(115,600)	(30,300)
2003年績效	173,600	178,100
2004年績效	228,800	242,400
2005年績效	128,800	(15,300)
2006年績效	294,600	55,200
2007年績效	46,800	135,000
2008年績效	(12,400)	202,200
2009年績效	(86,400)	(263,900)
2010年績效	(79,000)	11,000
2011年績效	(127,600)	286,900

在這個交易策略中我們加上之前修正程式時常用的三種交易濾網，回測績效報表如表3-29，不論總獲利或是賺賠比都大幅改善了，每年也幾乎維持大賺小陪格局，可見這樣的交易濾網遇到什麼指標似乎都有改善獲利表現的功能，在實務交易上讀者可以多多研究一番！

表3-29 DMI修正策略二績效比較表(回測期間：1998.07-2011.11)

	60分線	15分線
總獲利	4,151,200	6,019,800
勝率	39.62%	27.81%
最大策略虧損	(483,800)	(434,800)
平均獲利金額	51,098	31,468
平均虧損金額	(20,689)	(8,012)
賺賠比	2.47	3.93
年週期獲利分析		
1998年績效	156,900	599,100
1999年績效	1,159,800	1,171,000
2000年績效	1,241,500	1,373,100
2001年績效	440,300	888,100
2002年績效	104,800	362,800
2003年績效	115,200	451,600
2004年績效	332,800	235,000
2005年績效	119,600	(200)
2006年績效	357,000	122,400
2007年績效	296,600	197,600
2008年績效	(7,200)	502,300
2009年績效	36,400	133,500
2010年績效	58,600	(17,200)
2011年績效	(184,600)	700

六、技術指標的迷思-MTM指標

1. MTM指標定義

「動量指標」(MTM)即是將股價波動類比於物體運動中的加速、減速到停止；甚至倒退的過程。股價漲幅與跌幅會隨著時間的流逝，而變化逐漸減少，最終必然產生行情反轉。動量指標就是計算商品價格波動的速度，確認其行情到達強勢頂部或進入弱勢底部的時機。如圖3-10，在交易平台上通常MTM稱為動量指標，只要在基準線之下即視為空頭格局，如圖中兩個虛線中的行情，作多都要謹慎些；反之，線上則為多方。另MTM計算公式為N日MTM=當日收盤價-前N日收盤價，為一相當簡單且易判斷之指標。

▼ 圖3-10 台指期日線與MTM圖

2.MTM指標傳統用法

當MTM穿越基準線作多；跌破基準線放空，MTM參數通常為10，基準線之預設值為100。

程式邏輯設定為MTM由下向上穿越100就作多一口台指期；反之，MTM由上向下跌破100就作空一口台指期。回測績效報表如表3-30，由於僅憑一條基準線來判斷方向，遇到大盤整區間時表現必然不佳，勝率超低一定是這種策略的共通之處，不過從十五分與六十分策略看來，還是可以保持賺大賠小的穩定曲線，其實已相當不易，不過最大策略虧損的金額都偏高，可能還是需要調校一下！

表3-30 MTM策略績效比較表(回測期間：1998.07-2011.11)

	週線	日線	60分線	15分線
總獲利	123,600	(315,400)	1,489,000	1,799,200
勝率	26.67%	41.36%	37.22%	29%
最大策略虧損	(1,695,200)	(617,000)	(530,400)	(733,600)
平均獲利金額	165,890	30,429	34,767	22,777
平均虧損金額	(58,076)	(25,044)	(16,100)	(8,089)
賺賠比	2.86	1.22	2.16	2.82

3.MTM指標的修正用法

(1)修正用法一：將MTM與前10根MTM均值配合使用。當MTM由上往下穿過平均線則為多單平倉訊號；反之當MTM由下往上穿過平均線則為空單回補時機。

　　我們在程式邏輯中設定當MTM指標值由下向上突破某一基準值時就買進一口台指期；反之，當MTM指標值由上向下跌破基準值時就放空一口台指期。至於多單出場方式則為當MTM跌破過去十根平均值；空單出場方式為MTM突破過去十根平均值。測得之績效表如表3-31所示，以十五分線為例，最佳化後之參數為75、95、20，第一個參數為75為MTM本身參數值，第二個95為MTM均值，第三個20則為多空基準線。

表3-31 MTM策略績效比較表(回測期間：1998.07-2011.11)

	週線 (15.20.180)	日線 (15.10.20)	60分線 (100.70.80)	15分線 (75.95.20)
總獲利	2,324,800	1,522,400	2,089,800	2,266,000
勝率	47.14%	46.15%	40.09%	30.97%
最大策略虧損	(560,400)	(385,000)	(297,800)	(408,600)
平均獲利金額	111,709	35,627	27,909	19,337
平均虧損金額	(36,800)	(22,722)	(13,752)	(7,380)
賺賠比	3.04	1.57	2.03	2.62

　　(2)修正用法二：設定四個參數，當MTM由下往上穿過低檔的基準值為多單進場訊號，當多單在倉時，MTM跌破比進場時更高的基準線時就出場；反之當MTM由上向下穿過高檔的基準值為空單進場訊號，當空單在倉時，MTM突破某個比進場價低的基準線時，空單出場。

　　在這一段改善策略的設定中，新增四個可以回測的參數，如圖3-11，我們將MTM以逆勢的角度來思考，當MTM降到低檔且突破

一個基準值時就多單進場，同時以迅速停利的方式思考，只要MTM
上升至某一滿足點就將多單退出；空單的思考亦同，回測報表如表
3-32，我們在此解釋一下參數的意義，以日線來說，20為MTM指
標參數，10為多方進場基準，30為多單出場基準；跌破110則空單
進場，回到20再將空單平倉。

　　從績效報表看來，這樣交易是有獲利的潛力的，不過很奇妙
的是，日線的參數看起來跟圖3-11的交易模式較為類似，屬於低檔
買、高檔賣的交易策略，但六十分線的參數看起來則變成追高殺低
的順勢系統，可見MTM在實務使用上可能要稍微謹慎一些，因為相
同的指標運用在不同時間週期時，邏輯卻完全相反，這種情形較有
可能出現參數最佳化的陷阱，系統上線後的續航力恐會大打折扣！

▼ 圖3-11 MTM指標進出場示意圖

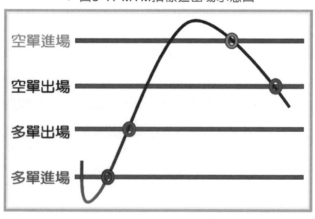

表3-32 MTM策略績效比較表(回測期間:1998.07-2011.11)

	日線 參數(20) (10.30.110.20)	60分線 參數(20) (120.170.40.20)	15分線 參數(20) (70.150.80.70)
總獲利	1,608,000	3,069,200	2,783,800
勝率	43.15%	41.11%	37.48%
最大策略虧損	(339,200)	(383,200)	(523,800)
平均獲利金額	49,411	26,904	18,604
平均虧損金額	(25,772)	(13,775)	(9,646)
賺賠比	1.92	1.95	1.93

　　(3)修正用法三:以短線MTM與長線MTM的交叉情形判斷多空,並加上之前我們經常使用的三大交易濾網(今日高低區間、MACD指標中XMACD柱狀體趨勢變化、進出場要在前三根K棒的最高、最低點)。

　　只要是技術指標類策略,都可以將單條指標線變成多條來測試看看,並透過幾條線之間的金叉或死叉情形決定多空訊號的產生,在這段測試中,我們一樣將MTM設定長、短兩個參數,並試試看是不是也會有不錯的交易效果?績效圖表如圖3-12,雖然總獲利達530萬元,但近二年出線績效曲線大幅拉回的現象,同時最大策略虧損也偏高,再加上獲利集中在1998年起前三年,若真要運用在交易上恐怕損益波動會較大!

▼ 圖3-12 MTM長短策略績效示意圖

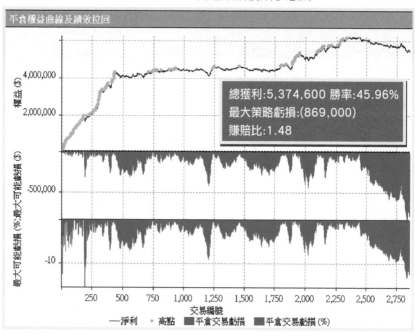

平倉權益曲線及績效拉回

總獲利:5,374,600 勝率:45.96%
最大策略虧損:(869,000)
賺賠比:1.48

七、技術指標的迷思-威廉指標

1. 威廉指標定義

威廉指標(W％R)是運用股市的擺動點來衡量其超買與超賣現象,可以判斷循環週期內的高點或低點,提出有效率的投資訊號,為一有效的短期指標。此指標為1973年由賴瑞·威廉(Larry Williams)於《我如何賺到100萬美元》書中提出,其計算公式為:WMS%R=(NH-C)/(NH-NL)*100,NH為N日內的最高價、C則是

指當日收盤價，NL則為N日內的最低價。如圖3-13，為台指期日線
與威廉指標圖，威廉指標計算出來的值通常為負數，讀數會介於0
至-100之間，從虛線處明顯可以看出，當威廉指標由上向下跌破-20
時，指數果然重挫，既然如此，是否指標由下往上突破-80時為作多
的好時機呢，我們在後面的文章再來檢視一番！

▼ 圖3-13 台指期日線與威廉指標圖

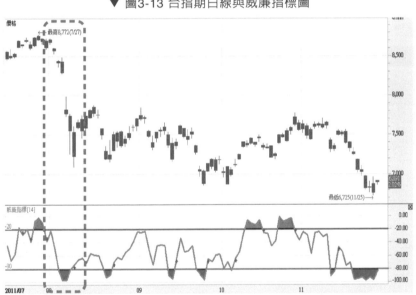

2. 威廉指標(%R)傳統用法

(1)以%R所在的位置，來判斷買賣超狀況：%R在-80以下為超
賣區；%R在-20以上為超買區。

第一個%R的傳統用法，明顯的將指標以逆勢策略來思考，只要指標衝至高檔就放空；反之，降到低檔就放空，我們仍是以四種時間週期來測試，%R大於-20進場作空一口台指期；%R小於-80進場作多一口台指期，回測績效比較表如表3-33所示，所有的時間週期看來賺賠比都是負的，表示交易的越久會賠的越多，因此基本上第一種傳統%R的思維過於簡陋，幾乎完全無法用在實務交易上！

表3-33 威廉指標策略績效比較表(回測期間：1998.07-2011.11)

	週線	日線	60分線	15分線
總獲利	(1,337,000)	88,400	(4,544,600)	(10,895,000)
勝率	57.89%	57.1%	57.5%	56.75%
最大策略虧損	(1,809,600)	(1,044,400)	(4,711,000)	(11,086,200)
平均獲利金額	82,172	42,394	17,749	8,490
平均虧損金額	(196,550)	(56,602)	(34,055)	(17,884)
賺賠比	(0.42)	(0.75)	(0.52)	(0.47)

(2)%R之-50%稱為中軸線，衝上-50%以上，表示股價開始轉強可以買進，同理由上向下跌破中軸線，股價便開始轉弱，應該賣出。

此段的程式交易邏輯為當%R由下往上穿過-50時進場作多一口台指期；%R由上向下跌破-50時則作空一口台指期，用法與MTM相當類似，都是以單一基準線為風向球的交易策略，其回測績效比較表如表3-34所示，績效表現已經比第一種好多了，除了交易次數過多的十五分線恐怕仍不適用之外，長週期的K線都會獲利了，其

中又以週線最為穩定，最大策略虧損最低，不過應該還是有很大的調整空間！

表3-34 威廉指標策略績效比較表(回測期間：1998.07-2011.11)

	週線	日線	60分線	15分線
總獲利	2,605,600	(10,895,000)	2,197,800	(2,867,200)
勝率	43.06%	56.75%	35.03%	25.43%
最大策略虧損	(583,000)	(11,086,200)	(1,080,800)	(5,385,000)
平均獲利金額	147,522	8,490	23,942	13,924
平均虧損金額	(47,990)	(17,884)	(11,517)	(5,187)
賺賠比	3.07	(0.47)	2.08	2.68

(3)以%R趨勢變化的狀況，來判斷買賣訊號：%R高檔區轉折向下放空、低檔區轉頭向上買進。

此段的程式交易邏輯必須先劃分出何謂高檔與低檔？我們簡單的以中間線(-50)為準，當%R在-50以上且出線轉彎就放空一口大台指，轉彎的定義為%R[1]> %R[2]，同時%R[1]> %R[0](前一根威廉指標的值大於前二根的值，且當根威廉指標值小於前一根的值)，反之，當%R在-50以下且出線轉折向上就作多一口大台指，轉彎的定義為%R[1]< %R[2]，同時%R[1]< %R[0](前一根威廉指標的值小於前二根的值，且當根威廉指標值大於前一根的值)，運用此邏輯回測，其績效比較表如表3-35，績效慘不忍睹，績效與第一種傳統用法類似，幾乎可以斷言若將威廉指標以逆勢方向來思考，虧損將揮之不去。

表3-35 威廉指標策略績效比較表(回測期間：1998.07-2011.11)

	週線	日線	60分線	15分線
總獲利	(2,175,400)	557,000	(985,200)	(10,949,800)
勝率	53.49%	60.5%	60.14%	54.83%
最大策略虧損	(2,308,200)	(884,200)	(1,437,200)	(11,112,200)
平均獲利金額	72,060	39,336	18,473	7,487
平均虧損金額	(191,640)	(56,348)	(30,098)	(14,423)
賺賠比	(0.38)	(0.7)	(0.61)	(0.52)

3.威廉指標的修正用法

修正用法：首先設定四個參數，當威廉指標在基準線-50之上且穿過多方基準時為多單進場訊號，當多單在倉時，跌破比進場時更高的基準線時就出場；反之，當威廉指標在基準線-50之下且跌破空方基準時為空單進場訊號，當空單在倉時，突破比進場時更低的基準線時就將空單出場。

既然逆勢走不通，我們以順勢方向來思考，並設定幾個條件，首先為一樣以-50為多空基準線，大於-50才有作多之機會，並設定二個參數，當%R突破第一個高點時多單進場，同時，當多單在倉後，%R由上向下跌破一個更高的基準線時就將多單平倉，如圖3-14，空單亦以相同的邏輯操作，小於-50才有作空，並設定二個參數，當%R跌破第一個低點時空單進場，同時，當空單在倉時，%R由下向上突破一個更低的基準線時就將空單出場。測得之績效報表如表3-36，以週線為例，%R參數為16，多方基準線為-45，再向上且跌破-25時，多單立即出場，空方策略則為跌破-55作空，突破-60

就將空單回補。

　　所有的時間週期在這個策略思考中都呈現獲利的結果，尤其是六十分線甚至每年都可以獲利，不過由於本策略參數較多，有可能是將參數過度最佳化的結果。此外，較特殊的是十五分線，測出之停利參數為不需要(NA)，也就說當十五分鐘的%R急拉至-5以上時就追多單；突然重挫至-85時就勇於空單進場，還是以追高殺低的方式進行交易，與指標發明人的理論應相去甚遠，可見許多技術指標運用在股票及期貨上，還是有很大的不同，交易人要謹慎的使用並熟悉相關規則才是！

▼ 圖3-14 威廉指標進出場示意圖

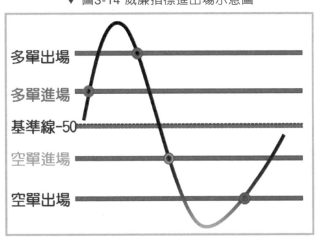

表3-36 威廉指標策略績效比較表(回測期間：1998.07-2011.11)

	週線 參數(16) 多方(-45.-25) 空方(-55.-60)	日線 參數(30) 多方(-40.-15) 空方(-65.-90)	60分線 參數(20) 多方(-35.-25) 空方(-65.-85)	15分線 參數(28) 多方(-5.NA) 空方(-85.NA)
總獲利	2,405,400	2,016,000	3,423,000	4,120,600
勝率	50.98%	58.17%	44.86%	39.98%
最大策略虧損	(345,000)	(302,400)	(247,000)	(408,600)
平均獲利金額	132,115	38,963	20,534	33,201
平均虧損金額	(41,184)	(31,379)	(11,862)	(16,640)
賺賠比	3.21	1.24	1.73	2
年週期獲利分析				
1998年績效	-	97,000	164,500	504,500
1999年績效	-	130,900	422,800	902,400
2000年績效	800,300	292,900	606,200	1,043,200
2001年績效	(24,700)	240,500	375,400	445,000
2002年績效	239,200	89,300	224,200	185,400
2003年績效	161,400	278,900	255,700	316,400
2004年績效	53,300	144,000	11,900	(43,400)
2005年績效	65,200	159,100	86,300	8,400
2006年績效	204,600	99,600	198,500	78,800
2007年績效	(157,800)	62,900	104,600	167,400
2008年績效	783,200	(21,800)	485,500	42,800
2009年績效	264,500	152,800	187,800	(23,600)
2010年績效	(91,600)	166,700	214,100	146,200
2011年績效	107,800	123,200	85,500	347,000

八、技術指標的迷思-布林通道

1. 布林通道定義

布林通道原文為Bollinger Band，就是以創造該指標的技術分析大師的名字來命名，中文一般也翻譯為包寧傑，有本著作《包寧傑帶狀操作法》(Bollinger on Bollinger Bands，中文版由寰宇出版)，甚至以數萬字的篇幅來研究這個通道型的技術指標。

布林通道線是根據統計學中的標準差原理設計出來的一種技術指標，如圖3-15，布林通道線是由上(紅色)、中(藍色)、下(綠色)三條軌道線組成，其中上、下軌位於通道的最外側，分別是指數或股價的壓力線與支撐線。在大多數的情況之下，價格會在上下軌道組成的帶狀區間中運行，且隨價格的變化而自動調整軌道的位置。而帶狀的寬度可以看出價格變動的幅度，愈寬表示價格的波動愈大。

至於布林通道的參數設定，中軌通常會取一個中期的移動平均線，預設參數為20天，上軌道的參數值為移動平均線加上2倍的標準差，下軌道的參數值為移動平均線減去2倍的標準差，2倍標準差的布林通道帶表示價格波動在布林帶狀區之內的機率會超過95.44%。

▼ 圖3-15 台指期日線與布林通道圖

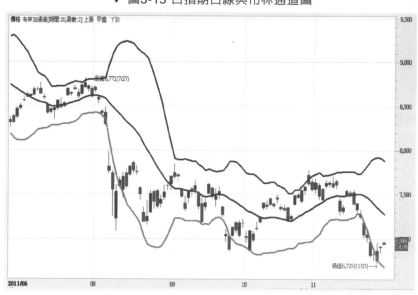

2.布林通道傳統用法

(1)價格由下向上穿越DOWN線時，可視爲買進信號；由上向下穿越UP線時，可視爲賣出信號。

首先我們將邏輯設定爲當台指期收盤價由下向上穿越下軌道時就進場作多一口台指期、台指期收盤價由上向下跌破上軌道時就進場放空一口台指期，這很明顯是一種逆勢交易系統，看起來勝率一定會較高，因爲價格之所以會跑出帶狀價區外，表示短線波動一定很大，非大漲即重挫，激情過後總要恢復平靜，所以傳統針對布林通道的解讀用法就是在抓取非常態變化後，價格開始反向收斂的利

潤。我們按照這個交易邏輯回測報表如表3-37，除了週線的時間週期會賺錢外，其他要不是慘賠收場，不然就是最大策略虧損過高，我們可以分析一下十五分線與六十分線策略，勝率都近六成，不過敗筆是賺賠比是負數，作越多只會越糟糕罷了！

表3-37 布林通道策略績效比較表(回測期間：1998.07-2011.11)

	週線	日線	60分線	15分線
總獲利	1,032,800	309,000	(772,400)	(1,986,000)
勝率	46.15%	52.45%	57.57%	59.87%
最大策略虧損	(1,189,800)	(1,233,400)	(1,509,800)	(2,595,600)
平均獲利金額	359,866	52,744	34,521	16,004
平均虧損金額	(160,914)	(54,429)	(51,655)	(27,191)
賺賠比	2.24	(0.97)	(0.67)	(0.59)

(2)價格在中間線與UP線間運行後，由上往下跌破中間線為賣出信號；價格在中間線與DOWN線間運行後，由下往上突破中間線為買進信號。

第二個布林通道的傳統用法為偏向順勢交易來思考，跌破中通道放空一口台指期，突破中通道就作多一口台指期，單一線段策略回測報表如表3-38，令人驚訝的是六十分線獲利表現竟然很穩定，也表示之後策略的修正方向應朝向順勢思考較佳！

表3-38 布林通道策略績效比較表(回測期間：1998.07-2011.11)

	週線	日線	60分線	15分線
總獲利	416,000	372,400	3,251,400	(1,303,600)
勝率	29.69%	38.07%	31.87%	23.52%
最大策略虧損	(1,706,800)	(651,200)	(572,800)	(3,352,800)
平均獲利金額	193,989	47,337	32,061	17,563
平均虧損金額	(72,662)	(27,515)	(11,963)	(5,706)
賺賠比	2.67	1.72	2.68	3.08

3.布林通道的修正用法

(1)修正用法一：將布林通道策略改為順勢交易。突破UP(上軌道)作多、跌破DOWN(下軌道)放空，並分別針對中軌道參數及上軌道、下軌道標準差參數作回測。

從第二個布林通道傳統用法中，似乎可以嗅出順勢交易恐怕較會成功，因此我們將程式邏輯改為順勢思維，突破上方通道追高、跌破下方通道殺低，當多單在倉時停損守在中通道，空單在倉時一樣守停損在中通道上。如此的邏輯與一般散戶的逆勢思考完全不同，在說明會中，布林通道是普遍為大眾所熟悉的交易通道，但傳統用法用在台指期操作卻明顯行不通。

經過修正後回測報表如表3-39，順勢交易的作法應該都會獲利了，但在近一、二年績效都不佳，顯示布林通道順勢策略運用在實務交易上，還是難逃盤整時會虧損的命運。不過至少在行情出現後，類似的方法應該都可以抓到大幅波動的利潤。

表3-39 布林通道策略績效比較表(回測期間：1998.07-2011.11)

	週線 中軌道均線 (10) 上軌道(0.2) 下軌道(0.2)	日線 中軌道均線 (10) 上軌道(0.8) 下軌道(0.4)	60分線 中軌道均線 (25) 上軌道(0.4) 下軌道(0.2)	15分線 中軌道均線 (30) 上軌道(1.4) 下軌道(1.8)
總獲利	2,687,200	1,951,400	4,330,200	3,402,800
勝率	39.08%	35.55%	30.73%	35.44%
最大策略虧損	(731,400)	(617,800)	(601,000)	(313,200)
平均獲利金額	141,147	46,677	33,922	21,023
平均虧損金額	(39,845)	(19,579)	(10,115)	(9,138)
賺賠比	3.54	2.38	3.35	2.3
年週期獲利分析				
1998年績效	-	44,900	350,100	350,100
1999年績效	(214,900)	610,200	795,400	795,400
2000年績效	714,200	687,400	839,000	839,000
2001年績效	414,000	380,600	738,800	738,800
2002年績效	318,000	(100,700)	55,600	55,600
2003年績效	63,900	74,700	204,400	204,400
2004年績效	64,300	291,800	253,400	253,400
2005年績效	148,200	143,500	97,500	97,500
2006年績效	50,700	(116,900)	437,700	437,700
2007年績效	341,500	395,800	(38,200)	(38,200)
2008年績效	691,600	(106,700)	592,200	592,200
2009年績效	109,600	5,500	208,400	208,400
2010年績效	(5,100)	(116,400)	(183,200)	(183,200)
2011年績效	38,900	(165,200)	(15,200)	(15,200)

　　(2)修正用法二： 延續修正用法一的進場模式，但加上更高通道多方出場線與更低的空方出場線。

　　如圖3-16，我們在原本的布林通道再加上更高通道，在下通道再加上更低通道，如此會形成五條線的指標，其實就是坊間流傳的「天羅地網線」，「天」線的定義其實只是將中通道加上某參數的標準差，如「羅」線若為1倍標準差，「天」線即為2倍標準差；反之，「網」線亦是由中通道減去一更大的參數標準差而來。我們的程式邏輯設定為，收盤價突破「羅」線進多單，跌破「天」線則將多單出場；收盤價跌破「地」線進空單，突破「網」線則將空單獲利出場。

▼ 圖3-16 布林通道天羅地網交易示意圖

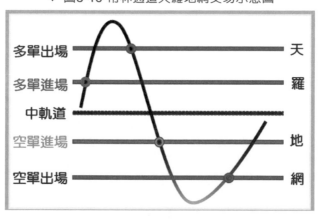

　　第二個修正方法績效看起來並沒有比第一個策略好，雖然多了停利出場機制的設定，但總獲利幾乎都減少，但在減低策略最大虧損上，有達到一定之功效。如六十分線策略，將最大策略虧損由60萬元降到25萬元，僅為總獲利之6.4%，在實務交易上較為可行，同時僅有在2004年出現過一次小額之虧損，我們從表3-40也可以大概

判斷出並非所有的技術指標都適用在所有的時間週期之上，以布林
通道來說，原則上應用在六十分線與日線表現會較好，讀者在指標
與時間週期的選擇上應更爲謹愼。

表3-40 布林通道天羅地網策略績效比較表
(回測期間：1998.07-2011.11)

	週線 中軌道均線(8) 天(4.16)羅(1.6) 地(0.8)網(2.4)	日線 中軌道均線(24) 天(4)羅(2) 地(1)網(2.2)	60分線 中軌道均線(28) 天(1.2)羅(1) 地(1)網(1.4)	15分線 中軌道均線(32) 天(4.48)羅(1.6) 地(1.6)網(1.92)
總獲利	2,277,600	1,747,000	3,917,800	2,862,200
勝率	46.51%	59.28%	45.4%	43.31%
最大策略虧損	(832,600)	(382,000)	(251,000)	(536,800)
平均獲利金額	200,250	47,614	21,209	17,381
平均虧損金額	(75,104)	(44,280)	(11,465)	(11,147)
賺賠比	2.67	1.08	1.85	1.56
年週期獲利分析				
1998年績效	-	(78,700)	131,500	464,500
1999年績效	(194,300)	330,800	532,800	1,066,600
2000年績效	1,142,200	548,100	713,500	625,600
2001年績效	88,600	312,600	587,300	211,000
2002年績效	281,200	9,000	4,200	140,000
2003年績效	(121,200)	(28,200)	205,200	337,800
2004年績效	49,400	56,700	(57,900)	(197,000)
2005年績效	(224,000)	95,800	200,600	62,400
2006年績效	194,600	172,600	189,900	14,000
2007年績效	185,000	82,100	379,400	139,400
2008年績效	859,400	165,600	539,300	27,300
2009年績效	(201,800)	144,700	49,600	124,300
2010年績效	163,000	(155,700)	238,100	81,600
2011年績效	67,200	91,600	204,300	(236,600)

九、技術指標的迷思-CDP指標

1. CDP指標定義

CDP中文翻譯成逆勢操作系統，指標原理為運用前一天的最高價、最低價、及收盤價的計算與分析，將當日的股價變動範圍為五個等級，再利用本日開盤價的高低位置與盤中價格變化，做為短線進出的研判標準。CDP通常用來當沖，波段單較少人使用此指標。如圖3-17，由上至下五條線分別為AH(最高值)、NH(近高值)、CDP、NL(近低值)、AL(最低值)，其計算準則為：

CDP = (昨日最高價 + 昨日最低價 + 2*昨日收盤價) /4

再分別計算昨天行情所得之最高值(AH)、近高值(NH)、近低值(NL)及最低值(AL)

AH = CDP + (昨日最高價 – 昨日最低價)

NH = 2*CDP – 昨日最低價

NL = 2*CDP – 昨日最高價

AL = CDP - (昨日最高價 – 昨日最低價)

▼ 圖3-17 CDP交易示意圖(傳統用法)

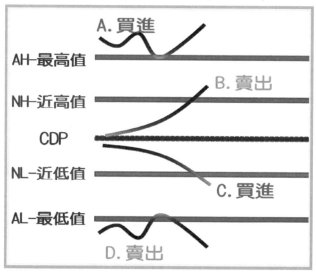

　　我們以圖3-18為例,利用這樣的公式算法,可以在每日的五分線之上劃出五條線,我將代表偏多的AH與NH以紅色呈現,NL與AL則以綠色表示,中間線CDP則為藍色,用來當作每日多空分野最重要的標記。圖3-18中為2011.11.28與11.29連續二日的五分線,二日的價格從未跌落至CDP藍線之下,代表都是屬於多方格局,操作上宜順勢而為較佳!

▼ 圖3-18 台指期五分線與CDP指標圖

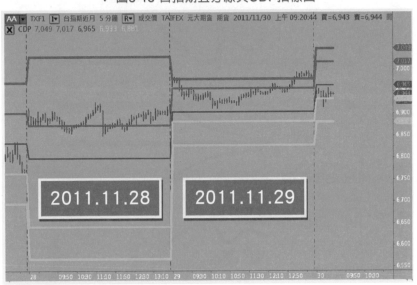

2.CDP指標傳統用法(只用在當沖)

(1)以最高值(AH)附近開盤應追價買進；以最低值(AL)附近開盤應追價賣出。

由於CDP為當沖策略所使用，我們以較短線之五分、十分與十五分三種時間週期來測試，程式邏輯設定為當開盤價大於AH就作多一口台指期(如圖3-17，A點處)；開盤價小於AL就進場作空一口台指期(如圖3-17，D點處)，這樣簡單的邏輯績效，結果如表3-41，我們設定一天只交易一次，單純以開盤位置來決定要作多或作空效果並不佳，三種時間週期虧損金額都差不多，因為其實不論哪一種

時間K棒，當天的CDP與AH及AL位置是一模一樣的，差別只有在進場時間，五分線為當日第二根開盤價，也就是08：50當根，其他的依此原則類推即可。從績效報表看來，這個策略並不可行，還要加上濾網或改變進出場規則才行！

表3-41 CDP當沖策略績效比較表(回測期間：1998.07-2011.11)

	15分線	10分線	5分線
總獲利	(797,600)	(680,600)	(678,000)
勝率	42.76%	43.71%	44.76%
最大策略虧損	(1,305,600)	(1,265,800)	(1,352,000)
平均獲利金額	16,654	17,060	17,082
平均虧損金額	(17,580)	(17,693)	(18,362)
賺賠比	(0.95)	(0.96)	(0.93)

(2)盤中高於近高值(NH)時可以賣出作空；盤中低於近低值(NL)時可以買進多單。

本段程式寫法為當盤中價格由下往上穿越NH時，以NH之價格作空一口台指期(如圖3-17，B點處)；價格由上向下跌破NL時，則以NL價格作多一口台指期(如圖3-17，C點處)，這樣的邏輯明顯為逆勢策略，我們看一下表3-42，是否有獲利的機會？從報表看來，幾乎所有時間週期全軍覆沒，同時每年都很穩定的賠錢，表示這樣的策略一定行不通。既然CDP叫作逆勢操作系統，為何逆勢操作卻會虧損咧？

表3-42 CDP當沖策略績效比較表(回測期間：1998.07-2011.11)

	15分線	10分線	5分線
總獲利	(7,215,200)	(7,319,400)	(7,283,200)
勝率	40.33%	40.95%	41.32%
最大策略虧損	(7,314,200)	(7,446,400)	(7,458,200)
平均獲利金額	9,830	10,041	10,260
平均虧損金額	(11,784)	(11,978)	(12,019)
賺賠比	(0.83)	(0.84)	(0.85)

　　我們試著將區間拉得更開一些，改成當盤中價格由上往下跌破AH時，作空一口台指期；價格由下向上突破AL時，作多一口台指期，這樣的績效報表如表3-43，虧損的金額大幅減少了，主要應為交易次數變的相當少，德國股神科斯托蘭尼有一句名言，他認為大盤處於盤整期的時間佔了整體週期的百分之七十以上，所以盤中超過AH或AL的機率並不多見。整體來說，傳統CDP的交易方式用在台指期上並不突出，必須加以修改調整才有上場打仗的機會！

表3-43 CDP當沖策略績效比較表(回測期間：1998.07-2011.11)

	15分線	10分線	5分線
總獲利	(960,200)	(1,202,200)	(2,349,200)
勝率	46.89%	45.67%	44.37%
最大策略虧損	(1,270,200)	(1,489,800)	(2,647,200)
平均獲利金額	10,550	10,826	10,528
平均虧損金額	(10,680)	(10,689)	(11,038)
賺賠比	(0.99)	1.01	(0.95)

3. CDP指標的修正用法

(1)修正用法一：把CDP改爲順勢指標。

按照我們修正交易策略的經驗，首先把逆勢改爲順勢看看，當盤中價格由下往上突破NH(近高值)時作多一口台指期；盤中價格由上向下跌破NL(近低值)時作空一口台指期，績效比較表如表3-44，證明就算是CDP逆勢通道還是要改成順勢交易才對，不過獲利明顯集中在1998年起的前幾年，近幾年則獲利表現不佳，恐怕不會有太大的信心跟隨！

表3-44 CDP當沖策略績效比較表(回測期間：1998.07-2011.11)

	15分線	10分線	5分線
總獲利	2,271,200	2,181,400	1,925,200
勝率	49.72%	49.24%	49.01%
最大策略虧損	(337,400)	(378,400)	(530,000)
平均獲利金額	11,657	11,930	11,983
平均虧損金額	(9,857)	(10,126)	(10,297)
賺賠比	1.18	1.18	1.16

順勢交易除了突破NH與跌破NL外，我們一樣再把進場線段向外側拉開，修改成當盤中價格由下往上突破AH(最高值)時作多一口台指期；盤中價格由上向下跌破AL(最低值)時作空一口台指期，績效比較表如表3-45，原則上還是會獲利，而且比上一個突破NH與跌破NL之策略獲利表現更平均，就算用在近幾年亦有獲利機會，用在交易上參考價值較高！

表3-45 CDP當沖策略績效比較表(回測期間：1998.07-2011.11)

	15分線	10分線	5分線
總獲利	1,801,400	2,080,600	2,077,600
勝率	52.92%	51.51%	51.39%
最大策略虧損	(238,000)	(260,200)	(329,400)
平均獲利金額	10,838	11,387	11,215
平均虧損金額	(9,475)	(9,218)	(9,056)
賺賠比	1.14	1.24	1.24

　　若我們將兩種突破策略結合在一起取其聯集，也就是說當盤中價格突破NH或是AH時都符合多單進場條件；盤中價格跌破NL或是AL時都符合空單進場條件，測得之績效報表如表3-46，雖然總獲利增加了，但最大策略虧損也跟著拉高，看起來與上一個策略應無太大差異。不過我們至少用MULTICHARTS證明了，將CDP改為順勢交易，效果的確會明顯得提升！

表3-46 CDP當沖策略績效比較表(回測期間：1998.07-2011.11)

	15分線	10分線	5分線
總獲利	2,755,600	2,610,200	2,244,200
勝率	50.02%	49.44%	49.05%
最大策略虧損	(360,800)	(401,600)	(522,800)
平均獲利金額	11,812	12,135	12,167
平均虧損金額	(9,869)	(10,167)	(10,313)
賺賠比	1.2	1.19	1.18

　　(2)修正用法二：將CDP交易模式運用在波段策略上。

表3-47 CDP波段策略績效比較表(回測期間：1998.07-2011.11)

	30分線 停損(0.5%)	15分線 停損(0.5%)	10分線 停損(1%)	5分線 停損(1%)
總獲利	4,384,400	4,689,600	4,317,000	4,357,000
勝率	25.19%	26.57%	34.47%	34.2%
最大策略虧損	(295,400)	(281,600)	(393,200)	(331,200)
平均獲利金額	45,516	41,922	40,886	40,402
平均虧損金額	(9,055)	(8,812)	(14,035)	(13,811)
賺賠比	5.03	4.76	2.91	2.93
年週期獲利分析				
1998年績效	430,300	389,500	321,900	313,300
1999年績效	681,200	838,000	942,600	963,400
2000年績效	1,148,100	1,172,500	1,090,100	1,185,700
2001年績效	400,700	473,100	495,300	364,900
2002年績效	124,600	69,000	43,200	61,400
2003年績效	357,100	354,900	395,400	389,600
2004年績效	317,500	325,300	249,400	277,000
2005年績效	109,400	106,000	79,600	42,200
2006年績效	187,800	87,000	113,600	132,400
2007年績效	49,100	131,500	46,300	214,200
2008年績效	151,100	289,300	193,900	165,800
2009年績效	372,400	396,200	319,200	228,800
2010年績效	(83,600)	(108,600)	(84,400)	(140,200)
2011年績效	134,800	162,000	108,000	159,400

　　CDP通道策略大家通常都用在當日沖銷之上，前面我們曾提過，當沖雖然可以避免跳空跳錯邊之風險，但由於每一天的震幅其實較為有限，因此要把當沖程式寫到獲利五百萬之上(自1998年起回測)會有一定難度，既然CDP是用前一交易日開、高、低、收劃出之交易通道，我們把它用在波段單上或許有機會可以獲利，我們以突

破AH(最高值)作多、跌破AL(最低值)作空爲準則,另外加上一個停損百分比的參數,同時加上結算時將部位平倉機制,去除掉換倉之價差誤差因素,得到之績效結果如表3-47,四種時間週期獲利都可以拉高到四百萬以上,其中又以十五分線週期表現最好,最大策略虧損最小,僅爲總獲利6%。除了2010大盤整當年虧損之外,四種時間週期每年幾乎都可保持獲利,績效表現比用在當沖上更爲穩定!

(3)修正用法三:除了將CDP當沖改爲順勢,再加上NH與NL出場機制。

邏輯設定爲當盤中價格突破AH作多,多單在倉時跌破NH時平倉出場;跌破AL作空,空單在倉時突破NL時平倉出場,以謹慎停損的思維來設計,作對方向時讓獲利奔馳,作錯則立即出場,績效報表如表3-48,最大的優點是減少了最大策略虧損,都壓到了10%附近,在實務運作上較爲可行!

表3-48 CDP當沖策略績效比較表(回測期間:1998.07-2011.11)

	15分線	10分線	5分線
總獲利	2,104,200	2,339,800	2,632,600
勝率	50.11%	49.17%	49.14%
最大策略虧損	(219,600)	(240,000)	(291,200)
平均獲利金額	10,639	11,082	11,125
平均虧損金額	(7,805)	(7,714)	(7,436)
賺賠比	1.36	1.44	1.5

(4)修正用法四：CDP加上交易濾網當沖範例

經過一連串程式檢驗與調整後，我們發現突破AH作多，跌破NH多單平倉的效果最好，但最大策略虧損還是過高，在這個範例中，我們加上幾個濾網來修正，第一為我們先抓出從開盤到九點整的高低點為交易濾網，也就是不論是作多或作空，都至少要突破這個區間之外，修正後的績效結果如圖3-19所示，每年表現呈現大賺小賠，最大策略虧損也有效的降到總獲利的10%以內，已接近實際上線交易之水準！

▼ 圖3-19 CDP當沖策略績效圖(回測期間：1998.07-2011.11)

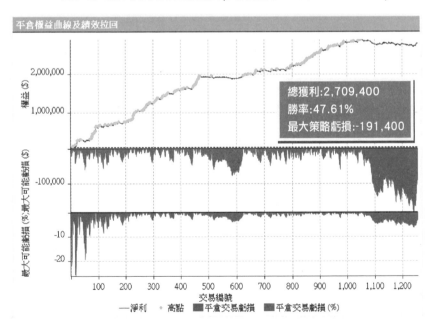

十、技術指標的迷思-均線(MA)

1. MA定義

　　均線大概是所有技術指標之母，也是最廣爲人知的交易指標。移動平均線由美國投資專家葛蘭碧所創立，由道氏股價分析理論的「趨勢說」演變而來，將道氏理論具體的加以數字化，從數字的變動中去預測股價未來短期、中期、長期的變動方向，爲投資決策提供依據。

　　移動平均線MA，又稱均線，或交易成本線，它代表在一段時間內買入標的的平均成本，反映了股價在一定時期內的強弱和運行趨勢。其計算方式其實很簡單，算術移動平均線，就是將N天的收盤價加總再除以N，得到第N天的算術平均線數值。從其計算方法上看，它有以下幾個技術特性：追蹤趨勢變化方向、助漲與助跌性、支撐線和壓力線特性。以圖3-20爲例，2011.12.01當日台指期跳空大漲站上MA10，短線偏多，但上方卻有季線MA60虎視耽耽，大家應該都很明瞭，股價只要落在長期均線之下，盤勢的解讀上就是偏空，因此用均線究竟如何操作？有人說季線以上且突破十日線買進，跌破十日線就多單出場，沒有人會否認這樣的交易邏輯，聽起來也很有道理，但長期按照這個準則操作勝率有多高？最大策略虧損有多少？其實均線操作法還是有不小的學問，我們在後面的段落中再一併探討。

▼ 圖3-20 台指期日線圖

2.MA傳統用法

傳統均線的操作其實應都有獲利的潛力，只有穩定性夠不夠的問題，市場上所有的技術指標都大同小異，只要遇到盤整都會失效，我們從均線的角度切入，以普羅大眾常用的邏輯套用在台指期試試看，究竟有沒有穩定獲利的機會？

(1)單一均線

我們將四種時間週期一併列表，研究一下究竟十多年來，以單一均線判定多空，最佳均線參數分別爲何？邏輯的設定很簡單，只要台指期跌破均線就在下一根K棒的開盤價放空；突破站上均線就

在下一根K棒的開盤價作多，若遇到結算日時即平倉出場，均線參
數範圍以不超過100為原則，測得之績效比較表如表3-49，和預測之
結果類似，果然四種時間週期都會獲利，其中又以六十分線表現最
穩定，最大策略虧損為總獲利12%左右，看來應還是有修正空間，
但明顯為較有深入研究價值的時間週期，至於日線最有效率的參數
為MA50，跟季線參數位置差不多，顯示長期以季線來操作還是可
以抓到大波段行情，不過最大策略虧損高到離譜，若長期跟著交易
恐怕會遇到連續虧損次數過多的窘局。不過日線策略可以獲利二百
多萬，比起過去十多年呈現虧損的交易人，已有較佳表現。

表3-49 均線策略績效比較表(回測期間：1998.07-2011.11)

	週線 參數(MA10)	日線 參數(MA50)	60分線 參數(MA40)	15分線 參數(MA94)
總獲利	3,030,600	2,116,600	4,691,400	3,773,600
勝率	45.83%	32.22%	31.57%	20.8%
最大策略虧損	(613,200)	(1,071,000)	(586,000)	(579,400)
平均獲利金額	147,206	102,134	42,593	33,386
平均虧損金額	(46,851)	(31,206)	(12,651)	(6,816)
賺賠比	3.14	3.27	3.37	4.9

(2)兩條均線

把單條均線改成兩條試試，績效是否有更穩定的表現？邏輯
設定為當價格突破短均線時，且價格在長均線之上，則作多一口台
指期；當價格跌破短均線時，且價格在長均線之下，作空一口台指
期，一樣在結算當日將原部位平倉，同時若多單在倉時但價格跌破
短均線時，多單出場，反之空單亦採取同樣的出場邏輯。價格與雙

均線策略測得之績效報表如表3-50所示，一樣都會獲利，其中還是以六十分線最好，日線最佳參數測得並非十日線與季線，且最大策略虧損過高，實務上並不是太好的交易策略。

表3-50 均線策略績效比較表(回測期間：1998.07-2011.11)

	週線 參數(8與10)	日線 參數(16與44)	60分線 參數(14與78)	15分線 參數(16與94)
總獲利	2,515,800	1,946,800	3,668,800	633,400
勝率	45.71%	36.43%	34.82%	25.52%
最大策略虧損	(511,400)	(843,800)	(393,400)	(1,790,200)
平均獲利金額	133,387	63,828	29,595	17,539
平均虧損金額	(46,121)	(25,195)	(11,222)	(5,883)
賺賠比	2.89	2.53	2.64	2.98

表3-51 均線策略績效比較表(回測期間：1998.07-2011.11)

	週線 參數(2與38)	日線 參數(2與30)	60分線 參數(2與42)	15分線 參數(2與94)
總獲利	1,787,400	1,563,600	3,724,400	4,119,800
勝率	40%	46.97%	36.5%	26.09%
最大策略虧損	(560,400)	(492,800)	(604,800)	(578,800)
平均獲利金額	209,833	54,931	41,148	33,950
平均虧損金額	(40,588)	(33,761)	(15,642)	(8,917)
賺賠比	5.17	1.63	2.63	3.81

我們上一段探討的是價格與均線關係，若我們一樣用兩條均線，但單純以長、短均線的黃金與死亡交叉決定作多或作空，測得之報表如表3-51，較短期的時間週期明顯較適用這種雙均線交叉的策略模式，如十五分線與六十分線獲利績效相對穩定，不過最大策

略虧損偏高，可修正後再上線實戰。

(3)均線趨勢

既然均線助漲也助跌，若單純以均線方向來定多空，是否可以創造出穩定的獲利模式。我們將均線先定義為一個value，若均線轉頭向下，如圖3-21上半部所示，進場放空一口台指期；反之，均線上彎則作多一口台指期，結算日平倉出場等待下次訊號發生再進場，可測得之績效報表如表3-52所示，從報表看來，並不是一個太完整的交易策略，不過週線格局自1998年來共交易十一次，勝率達八成以上，因此若下次再遇到類似狀況發生時，不妨可以稍微加大資金比重，押注在選擇權的買方策略之上！

▼ 圖3-21 均線轉折交易示意圖

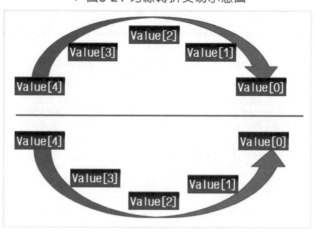

表3-52 均線策略績效比較表(回測期間：1998.07-2011.11)

	週線 參數(44)	日線 參數(92)	60分線 參數(94)	15分線 參數(90)
總獲利	977,200	905,000	(608,200)	(2,663,600)
勝率	81.82%	61.73%	57.69%	57.44%
最大策略虧損	(1,077,000)	(458,800)	(1,291,600)	(3,144,200)
平均獲利金額	145,822	44,684	26,504	14,750
平均虧損金額	(167,600)	(42,877)	(42,215)	(26,640)
賺賠比	(0.87)	1.04	(0.63)	(0.55)

(4)葛蘭碧八大法則

葛蘭碧八大法則原則上有四大買點與四大賣點，但是否每一法則都適用在台指期的操作上呢？如圖3-22為葛蘭碧八大法則交易示意圖，其基本定義如下：

● 買點A：價格向上突破移動平均線，代表原有趨勢開始翻揚向上，因此這個黃金交叉為波段的買進訊號。

● 買點B：乖離不大，但因趨勢正加速發展，預期乖離將擴大，為買進訊號。B點為初升段的修正波段，且沒有跌破均線，顯示趨勢持續加速發展。

● 買點C：上升段中的急跌，跌破均線後的反彈點，均線仍處於上升階段，顯示後勢仍具行情，因此急跌後反彈為買進訊號。

● 買點D：價格自高點跌破均線，並且跌深，此時發生了價格偏離均線很大，因此預期這現象將有所修正，亦即反彈極有可能出現，為買進訊號。

● 賣點E：雖然處於上漲階段，但價格短線漲幅過大，以致與移動平均線的偏離過大，預期短時間內將會有獲利賣壓湧現，價格將有所修正，因此為賣出訊號。

● 賣點F：趨勢線已向下，且價格由上跌破趨勢線，表示趨勢發生反轉，這死亡交叉為波段的賣出訊號。

● 賣點G：乖離不大，但因趨勢正開始加速發展，預期乖離將擴大，價格下跌速度快，為賣出訊號。G點為初跌段的反彈波段，且沒有突破均線，顯示趨勢持續加速發展中。

● 賣點H：價格發生突破後迅速拉回，即為假突破訊號，為趨勢持續的意義。並且此時均線仍然向下，為賣出訊號。

▼ 圖3-22 葛蘭碧八大法則交易示意圖

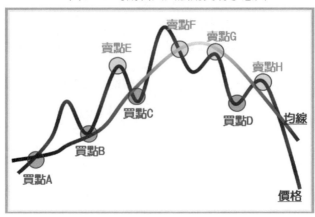

　　葛蘭碧八大法則其實並不是每一個買賣點都適合以程式邏輯來定義清楚，如賣點E與買點D都是乖離過大之後的反手操作，但究竟離開均線多遠叫乖離過大？我們以近似原發表者的理論邏輯一一回測看看，八大法則其實可以分為四組策略，買點A與賣點F為同一組；買點B與賣點G為同一組；買點C與賣點H為同一組；最後則是乖離過大的買點D與賣點E。其回測邏輯與績效表現分別如下：

1.買點A與賣點F(A&F策略)

　　我們將程式邏輯定義為均線走平或上升且價格突破均線時作多一口台指期；均線下降或走平且價格跌破均線時作空一口台指期。績效表會如表3-53，從績效表看來，第一組交易策略是會賺錢的，不過要注意每個時間週期的最大策略虧損都是總獲利的20%以上，從實務交易的角度來思考，有頗大的改善空間。

表3-53 均線策略績效比較表(回測期間：1998.07-2011.11)

	週線 參數(4)	日線 參數(38)	60分線 參數(4)	15分線 參數(78)
總獲利	1,373,600	1,440,600	3,003,000	2,582,600
勝率	46.67%	61.82%	45.04%	43.78%
最大策略虧損	(1,103,800)	(308,600)	(636,400)	(657,800)
平均獲利金額	348,142	66,370	49,447	50,608
平均虧損金額	(132,925)	(38,857)	(28,864)	(27,512)
賺賠比	2.62	1.71	1.71	1.84

2.買點B與賣點G(B&G策略)

買點B與賣點G在程式定義上較難具體，從圖3-22觀察，買點B為價格壓回正在上升中的均線，但未跌破均線；賣點G的道理亦同。我們依照這個準則把程式邏輯定義為當長均線上升，且價格靠近均線1%之內轉彎向上就買進多單；反之，當長均線下降，且價格上漲靠近均線1%之內轉頭向下就進場作空單，績效報表如表3-54所示，大概也是可以獲利的，尤其在週線策略當中勝率為八成，賺賠比達到11.58，代表雖然交易次數不多，但只要條件符合時，在交易上還是有頗大的參考價值。

表3-54 均線策略績效比較表(回測期間：1998.07-2011.11)

	週線 參數(26)	日線 參數(40)	60分線 參數(80)	15分線 參數(60)
總獲利	770,400	1,860,000	1,672,400	1,485,200
勝率	80%	58.82%	51.5%	38.43%
最大策略虧損	(977,000)	(601,400)	(1,110,800)	(646,200)
平均獲利金額	196,850	74,592	51,780	30,865
平均虧損金額	(17,000)	(54,988)	(40,187)	(17,174)
賺賠比	11.58	1.36	1.29	1.8

3.買點C與賣點H(C&H策略)

從圖3-22觀察，買點C為價格跌破正在上升中的均線，但隨即站回；賣點H的道理亦同。我們依照這個準則把程式邏輯定義為當長均線上升，且價格跌落均線1%之內轉彎向上就買進多單；反之，當長均線下降，且價格上漲突破均線1%之內轉頭向下就進場作空

單，績效報表如表3-55所示，短分線如六十分線與十五分線表現都不錯，尤其日線週期勝率達六成以上，頗為穩定。

表3-55 均線策略績效比較表(回測期間：1998.07-2011.11)

	週線 參數(4)	日線 參數(38)	60分線 參數(4)	15分線 參數(78)
總獲利	1,373,600	1,429,200	3,314,000	2,394,800
勝率	46.67%	61.11%	45.89%	43.6%
最大策略虧損	(1,103,800)	(308,600)	(583,000)	(788,800)
平均獲利金額	348,142	68,036	50,980	50,455
平均虧損金額	(132,925)	(38,857)	(29,377)	(27,922)
賺賠比	2.62	1.75	1.74	1.81

4.買點D與賣點E(D&E策略)

這是乖離過大反向操作的買賣策略思考，但乖離要到多少叫大？我們簡單新增一個參數乖離百分比來作最佳化之動作，試試這樣的逆勢操作有沒有機會賺錢，績效報表如表3-56所示，以日線策略為例，求得之參數為10與1%，即代表均線為十日均線且乖離百分比為1%時就進場。從表3-56分析，其實這是一個爭議性較大的交易策略，以日線格局為例，獲利集中在2007年之後，反而在1998年起順勢策略較易獲利的階段虧損連連，因此勉強可將此策略作為分散交易風險的工具。不過從十五分線切入分析，獲利卻相反地集中在1998年至2000年間，因此交易人使用時應注意時間週期改變後的參數變化，原則上四種時間週期仍是以獲利居多，不過還是以週線格局勝率達八成最為穩定。

表3-56 均線策略績效比較表(回測期間：1998.07-2011.11)

	週線參數 (76與1.75%)	日線參數 (10與1%)	60分線參數 (16與4.5%)	15分線參數 (28與4.75%)
總獲利	1,456,800	1,465,200	1,358,200	2,139,600
勝率	84.62%	59.46%	53.97%	58%
最大策略虧損	(881,200)	(809,200)	(685,000)	(565,200)
平均獲利金額	155,236	48,855	90,935	109,324
平均虧損金額	(125,400)	(59,445)	(59,779)	(49,085)
賺賠比	1.24	(0.82)	1.52	2.23

表3-57 均線策略績效比較表(回測期間：1998.07-2011.11)

	週線	日線	60分線	15分線
總獲利	858,400	1,986,200	3,510,600	2,725,600
勝率	30.12%	56.41%	45.2%	34.69%
最大策略虧損	(1,200,200)	(698,600)	(854,000)	(608,600)
平均獲利金額	136,448	45,675	35,849	28,857
平均虧損金額	(44,013)	(46,128)	(21,582)	(12,695)
賺賠比	3.1	(0.99)	1.66	2.27
年週期獲利分析				
1998年績效	-	(135,500)	51,300	330,100
1999年績效	-	(48,200)	913,400	677,200
2000年績效	4,300	(214,000)	342,400	309,600
2001年績效	122,000	(86,600)	412,400	423,400
2002年績效	460,600	286,200	334,000	(157,400)
2003年績效	518,600	221,800	(150,400)	84,200
2004年績效	27,400	199,400	(363,400)	302,200
2005年績效	124,600	(61,200)	(80,300)	(114,000)
2006年績效	(182,400)	(136,800)	130,500	(51,200)
2007年績效	(145,400)	252,800	479,200	114,600
2008年績效	(632,000)	503,600	1,030,400	695,800
2009年績效	607,600	199,600	201,200	25,800
2010年績效	(303,600)	214,000	229,800	111,000
2011年績效	186,800	748,800	(37,200)	11,200

5.四組策略綜合

前幾段我們將葛蘭碧八大法則分開測試，若我們用MULTICHARTS以策略合成之方式將四組買賣點整合起來，績效是否有更精進的機會呢？合成後策略績效看來沒有太令人驚豔之表現，不過至少我們證明了葛蘭碧大師的理論原則上是會獲利的，若再加上一些交易濾網，可能可以接近實戰交易的程度。

3.MA的修正用法

均線果然為技術指標之母，利用傳統交易模式來思考，表現都不至於太離譜，普遍都呈現長期可獲利之績效。但大家都懂得的均線邏輯，用起來似乎還是有最大策略虧損過高的缺點，我們於此試試幾種常用的程式修正方法，將現有的傳統均線策略再作進一步之精進。

(1)修正用法一：以三條均線交叉為基礎，加上交易濾網修正。

我們以常用的三條均線，MA4、MA9、MA18之相關位置為本策略基本精神，作多條件為除了三條均線黃金交叉之外，高點還要突破從開盤至0930之高點，若以上條件都成立，作多點則為前三根K棒的高點位置；作空條件為三條均線死亡交叉之外，低點要跌破從開盤至0930之低點，若以上條件都成立，作空點為前三根K棒的低點位置。經過這樣的修正之後，我們以十五分線策略為例，所測得之績效如圖3-23，明顯的將總獲利拉高到500萬元以上，雖然最大策略虧損仍是偏高，但勉強維持在總獲利10%左右，實務上還是有機會跟單的！

▼ 圖3-23 三均線加濾網績效策略圖

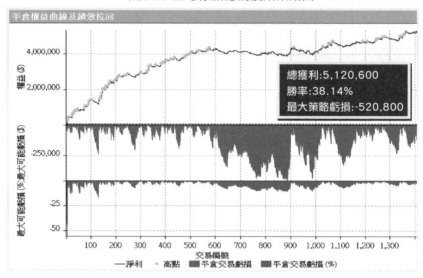

▼ 圖3-24 三均線加濾網績效策略月平均獲利圖

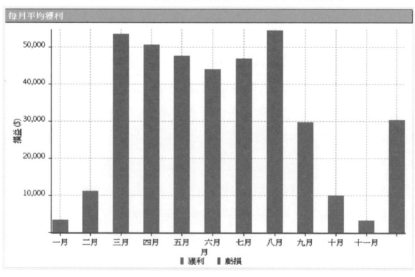

表3-58 均線策略績效比較表(回測期間：1998.07-2011.11)

	週線 (MA20與停 損2%)	日線 (MA10與停 損1%)	60分線 (MA38與停 損1%)	15分線 (MA52與停 損1%)
總獲利	1,900,000	1,532,000	4,147,800	5,192,600
勝率	33.33%	30.28%	36.58%	30.88%
最大策略虧損	(453,800)	(546,200)	(347,600)	(463,200)
平均獲利金額	240,966	60,463	43,867	28,717
平均虧損金額	(41,316)	(16,175)	(14,402)	(8,904)
賺賠比	5.83	3.74	3.05	3.23
年週期獲利分析				
1998年績效	-	24,600	154,800	599,700
1999年績效	-	555,300	800,700	955,200
2000年績效	-	591,500	1,148,000	1,476,300
2001年績效	324,500	93,500	564,300	501,300
2002年績效	252,300	(134,300)	258,600	112,000
2003年績效	79,500	292,000	202,600	382,800
2004年績效	92,500	243,600	4,200	(76,200)
2005年績效	75,900	102,200	257,000	(23,000)
2006年績效	108,200	(44,200)	47,800	387,400
2007年績效	(144,000)	35,400	469,900	310,800
2008年績效	537,200	89,200	136,800	436,400
2009年績效	702,000	117,000	175,800	248,200
2010年績效	128,600	(138,600)	(113,300)	(160,700)
2011年績效	(256,700)	(295,200)	40,600	42,400

　　(2)修正用法二：以收盤與均線位置為基礎，加上KD指標位置與交叉關係作濾網。

　　我們程式定義為當價格突破均線時，若KD指標中的K也大於D且K值與D值都在中間線五十以上，若這三個條件都成立，進場作多

一口台指期；當價格跌破均線時，若KD指標中的K也小於D且K值與D值都在中間線五十以下，若這三個條件都成立，進場作空一口台指期，同時加上停損百分比參數。回測所得之績效報表如表3-58所示，這樣的修正均線策略用在六十分線看來績效已頗為穩定，僅有2010年賠過錢，最大策略虧損為總獲利之8.3%，已低於10%之基本要求門檻。此外，十五分線最大策略虧損為總獲利之8.9%，也接近可上線交易之水準！

第 **4** 章

期貨交易策略綜合分析

一、通道策略運用

　　所謂通道即泛指所有非一條線的指標形成的系統，如我們在第三章提到之布林通道或是CDP逆勢交易系統都屬於通道交易策略。而大家耳熟能詳的『海龜交易系統』其實也是通道的一種，海龜交易系統其實有二大進場依據，一為短線週期的前二十日的高低點，另一個則為中長週期的五十日高低點突破系統，出場方式短週期為跌破前十日低點，長週期則為跌破前二十日低點，類似這樣的系統原理在過去為海龜系統發明者丹尼斯在四年之間創造了年平均報酬達80%的好績效，而在台指期市場，如果我們要套用類似的交易策略，究竟這十多年來效果如何？我們在這個段落中討論一下台指期可運用的通道系統交易方法，期能為讀者在交易上帶來更多元的啟發！

(1) HL通道(高低通道)

　　海龜系統其實即為我們常用的HL(高低)通道，第一個系統為突破前二十日高點買進；跌破前二十日低點放空，若多單在倉且價格跌破前十日低點即多單平倉；若空單在倉且價格突破前十日高點即空單平倉。我們以此簡單的邏輯回測台指期，所得之績效策略圖如圖4-1所示，十四年來總獲利為47萬元，每年平均獲利僅3、4萬元，嚴格說來績效並不好，另從每月平均獲利圖，圖4-2所示，綠色為獲利月份、紅色為虧損月份，表現也缺乏穩定性。

▼ 圖4-1 台指期HL通道策略績效圖

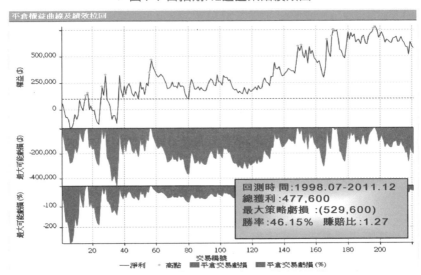

▼ 圖4-2 台指期HL通道策略月平均獲利圖

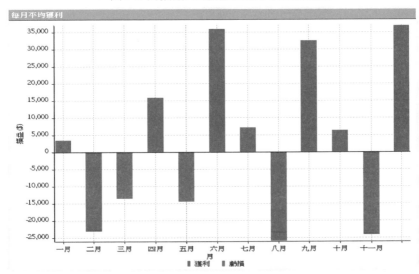

第一種短線海龜HL通道系統表現不佳，我們試著把進場參數調整為五十，出場調整為二十，看看有沒有改善！績效測出來為虧損36萬元左右，顯示海龜系統若硬要套在台指期上操作，還有很大的改善空間！

調整績效的方式不外乎二大類，一為改變時間週期，二為調整出場方式，我們保留海龜系統原始進場策略想法，但在HL通道之間新增一條出場的平均線，邏輯為當多單在倉後，只要價格跌破這條均線立即多單出場；若多單在倉，只要價格漲破這條均線立即空單出場，我們試著再把四種時間週期拉出來作比較，看看這樣的調整是否有更好的表現？所測得之績效報表如表4-1，短分線週期績效表現都不錯，其中六十分線策略總獲利達500萬元以上，比起最原始的海龜通道系統，報酬率約為十倍以上，同時測得之停損參數均不大，表示若交易人要以類似的通道模式操作台指期，停損要設得緊一些，策略的獲利主要是靠大行情來時的超額利潤！

(2)時間通道

上一段我們使用的通道多空基準線是以前幾根K棒的高點與低點算出，這一篇我們以時間來計算時間通道系統的高低最佳參數，以圖4-3為例，為2011.12.06當日五分線圖，假設我們系統設定的時間參數為『0940』，即從開盤08：45到09：40的高點即為今日的多方基準線；從開盤08：45到09：40的低點即為今日的空方基準線，12.06當日一開盤即出現高點在7090，之後一路下殺，至09：25當根出現低點7016，因此當天若有收盤價站上7090時就多單進場；收盤價跌破7016時就空單進場。類似的策略一定可以抓到大波段來

臨時的利潤，如圖4-4，2011.12.04五分線跌破當日空方基準線後進場作空一口台指期在7153，隨後出現一段空頭走勢，直到12.06出現小反彈格局，盤中站回紅色多方基準線，空單出場並反手作多在7060，這一次交易雖不是空最高、補最低，但單口也可獲利達九十三點，也可算是一次漂亮的交易！

表4-1 HL通道策略績效比較表(回測期間：1998.07-2011.12)

	週線 參數(MA5) 停損(1.5%)	日線 參數(MA5) 停損(1%)	60分線 參數(MA5) 停損(0.5%)	15分線 參數(MA20) 停損(0.5%)
總獲利	1,700,600	2,282,400	5,247,400	4,867,600
勝率	32.03%	36.04%	34.32%	31.85%
最大策略虧損	(451,600)	(620,200)	(370,400)	(309,400)
平均獲利金額	95,985	36,425	18,640	18,388
平均虧損金額	(25,687)	(15,558)	(7,178)	(6,461)
賺賠比	3.74	2.34	2.6	2.85
年週期獲利分析				
1998年績效	-	(6,000)	415,700	425,900
1999年績效	(79,900)	543,700	903,600	821,400
2000年績效	342,400	654,100	1,882,900	1,559,500
2001年績效	434,200	473,300	565,500	634,300
2002年績效	(91,200)	258,800	115,500	134,700
2003年績效	46,900	188,600	137,200	212,400
2004年績效	171,600	168,400	156,100	123,500
2005年績效	17,700	106,900	(58,300)	1,300
2006年績效	159,800	35,100	235,500	191,100
2007年績效	45,100	80,800	611,800	385,200
2008年績效	428,400	(426,800)	226,300	365,700
2009年績效	63,400	88,600	(89,900)	(34,300)
2010年績效	246,500	26,600	18,400	86,200
2011年績效	(45,600)	90,300	135,200	(33,600)

▼ 圖4-3 台指期五分線時間高低通道圖

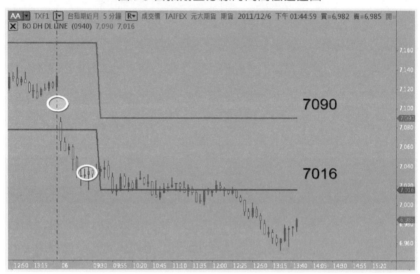

▼ 圖4-4 台指期五分線時間通道交易示意圖

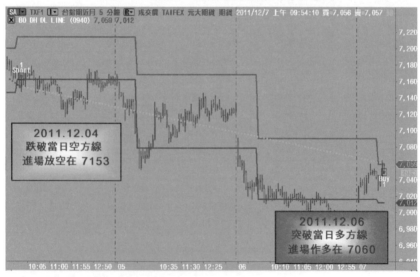

▼ 圖4-5 台指期時間通道策略績效圖

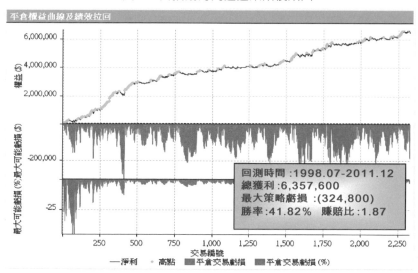

▼ 圖4-6 台指期時間通道月平均獲利圖

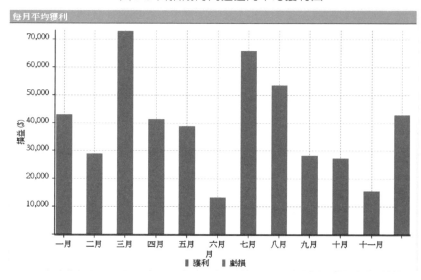

這樣的時間通道交易模式，長期下來績效表現如何？我們以五分線為例，測得之績效圖如圖4-5所示，總獲利達到630萬元以上，從1998年至2011年每年都是獲利格局，可見簡單的策略有時還是會有相當亮眼的表現，不過重點是這是一個波段策略，留倉的跳空風險還是會有，建議資金比重還是不要押注太多部位在單一策略較佳。此外，圖4-6為時間通道的每月平均獲利圖，表現亦是相當平均，除了六月與十一月表現較差之外，十多年下來每月獲利均可達到3萬元以上。

除了五分線之外，運用在其他的時間週期是否會有一樣優異的效果，我們將三十分線、十五分線、十分線與五分線列表比較，績效報表如表4-2所示，一樣獲利都可以來到600萬元以上，長期賺多賠少，績效看來相當穩定，若某人同時運用這四個不同時間週期之交易策略來交易，合計四口獲利已近2,500萬元，已接近法人或自營商交易之水準了！

表4-2 時間通道策略績效比較表(回測期間：1998.07-2011.12)

	30分線 參數(09：15) 停損：3%	15線 參數(09：30) 停損：1.5%	10分線 參數(09：25) 停損：1.5%	5分線 參數(09：40) 停損：1.5%
總獲利	6,371,400	6,380,600	6,443,600	6,357,600
勝率	44.48%	42.48%	42%	41.82%
最大策略虧損	(400,000)	(365,200)	(394,600)	(324,800)
平均獲利金額	23,511	24,549	23,829	24,674
平均虧損金額	(14,003)	(13,485)	(12,833)	(13,036)
賺賠比	1.68	1.82	1.86	1.89
年週期獲利分析				
1998年績效	152,300	66,100	237,900	152,900
1999年績效	917,100	839,000	908,600	914,800
2000年績效	1,774,700	1,923,800	1,989,400	1,645,600
2001年績效	503,600	674,800	661,200	647,400
2002年績效	235,000	147,200	30,000	26,600
2003年績效	294,400	496,200	318,800	234,000
2004年績效	(25,800)	356,400	297,800	203,000
2005年績效	166,400	129,000	24,600	50,800
2006年績效	82,000	14,800	107,000	294,600
2007年績效	797,500	434,200	393,600	654,300
2008年績效	922,300	746,200	868,600	684,900
2009年績效	101,200	97,400	139,400	227,200
2010年績效	5,600	57,800	(24,400)	137,000
2011年績效	440,600	418,600	519,000	420,200

(3)凱勒通道

我們在第二個章節中曾經介紹過凱勒通道的交易原理，當時我們是以特殊的K棒型態(每一萬口成交量劃一根K棒)來示範，本段我們以一般常見之時間週期為例，測試看看凱勒通道運用在一般正常K棒來交易的潛力，邏輯設定如圖4-7，一樣是抓取兩根K棒收盤價穿越上軌或下軌之交易機會，績效比較表如表4-3，原則上還是普遍呈現獲利格局，尤其週期越短績效會更好，以十五分線為例，總獲利已近700萬元，其測得之買進參數分別為46與1，表示凱勒通道的中間線要取MA46，上軌道寬度則為中間線再加上1倍ATR(平均真實區間)；至於賣出參數為16與0.5，則是另取MA16與中間線減去0.5倍ATR作為空方通道，讀者應該可以看出來，光是買進與賣出的參數達到四個之多，因此亮麗的績效背後有可能隱藏著參數最佳化的陷阱，交易人在實務操作時不可不慎！

▼ 圖4-7 凱勒通道交易示意圖

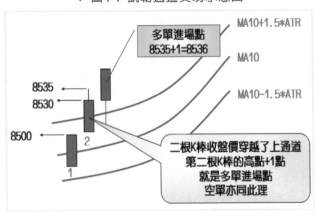

表4-3 凱勒通道策略績效比較表(回測期間：1998.07-2011.12)

	週線 買進(16，0.5) 賣出(44，2.5) 停損：150點	日線 買進(10，1) 賣出(44，0.5) 停損：150點	60分線 買進(10，1) 賣出(44，0.5) 停損：150點	15分線 買進(46，1) 賣出(16，0.5) 停損：150點
總獲利	1,671,800	2,806,000	5,651,600	6,751,600
勝率	52.27%	36.76%	36.33%	34.84%
最大策略虧損	(237,600)	(355,800)	(434,800)	(457,000)
平均獲利金額	100,078	90,597	52,679	30,560
平均虧損金額	(30,000)	(28,671)	(17,833)	(11,210)
賺賠比	3.34	3.16	2.95	2.73
年週期獲利分析				
1998年績效	-	25,100	324,300	611,700
1999年績效	(30,000)	146,700	522,700	1,180,300
2000年績效	301,800	528,600	1,151,100	1,471,100
2001年績效	80,000	410,200	538,800	720,800
2002年績效	40,000	95,500	615,800	505,600
2003年績效	40,000	1,600	290,400	279,800
2004年績效	9,700	197,800	411,600	298,400
2005年績效	(23,000)	144,000	186,000	(47,800)
2006年績效	233,300	326,200	458,400	191,400
2007年績效	140,000	343,800	91,800	268,100
2008年績效	270,000	127,700	573,600	1,006,300
2009年績效	387,900	(31,100)	243,600	(116,800)
2010年績效	52,100	394,200	294,400	150,200
2011年績效	170,000	128,000	(65,200)	255,800

二、日平均圖實務運用

(1)日平均圖定義

日平均圖又叫作一目均衡圖，原文稱爲Ichimoku-Line，Ichimoku爲日文直譯，爲簡單的意思，表示可以利用此圖表來透視平衡點，進而捕捉價格走勢及進出場時機。此技術分析方法是由二戰前一個自稱一目山人（筆名）的東京新聞作者發明，因此又叫『一目均衡操作法』。按照作者原義，原則上週線、日線、小時線、分鐘線都適用，可依交易人的操作習性而定，而在台灣市場通常稱作『日平均圖』或是『雲層圖』，日平均圖問世後逐漸成爲日本交易員常用的技術分析工具，不僅是股票交易，外匯，債券，指數，商品和期權也成爲其廣泛應用的戰場。

至於將日平均圖運用在台指期上，是不是也和日本市場的商品一樣好用，如圖4-8爲台指期十五分線日平均圖，在技術指標畫面上我們會看到幾條重要的線段，第一條爲紅色的「轉換線」，第二條爲綠色的「樞紐線」，這二條線的相對位置構成多方或空方最基本條件，另外還有雲層線(由先行線1與先行線2所組成)，當價格在雲層之上才是多方格局，雲層下狂風暴雨，宜作空較佳。以圖4-8來說，爲一段明顯的空頭走勢，十五分鐘K棒自11.17圈圈處起跌落雲層之下，直到11.25都沒有站回雲上，也就是說，若按照日平均圖的操作準則，在這段時間只能有一個方向，就是作空或空手。而各條線的計算公式分別如下：

1. 轉換線：(最近9根K棒的最高值+最低值)/2 。
2. 樞紐線：(最近26根K棒的最高值+最低值)/2。
3. 先行線1：(樞紐線+轉換線)/2。
4. 先行線2：(最進52根K棒的最高值+最低值)/2。

▼ 圖4-8 台指期十五分線與日平均圖

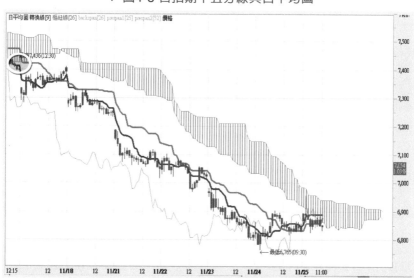

(2)日平均圖運用方法

1.多空時機

其實日平均圖的概念和移動平均線相似。假使價格突破雲後又重新回到雲中（支撐和壓力區中）。這種陷阱或假突破的風險在日平均圖中要比移動平均線少

　　因為圖中的雲層為一個帶狀區域，被盤整盤修理的機率會比一條線的指標少。當價格徘徊於或接近雲，最好的方法就是等待市場價格上破或下破雲。一旦價格上破雲，同時轉換線與樞紐線黃金交叉，這時就是買入時機。如果價格下破雲，同時轉換線與樞紐線死亡交叉，這時就是賣出時機。

　　簡單的說，作多時機為轉換線(紅線)穿樞紐線(綠線)向上，同時K棒突破到雲層之上，至於多單出場時機則為轉換線跌破樞紐線向下；作空時機為轉換線(紅線)穿樞紐線(綠線)向下，同時K棒跌破到雲層之下，至於空單出場時機則為轉換線突破樞紐線向上。

　　2.運用在台指期

　　在這一段程式邏輯中，我們將台指期四種時間週期列表回測，試試日本大師幾十年前發明的指標用在台指期上究竟會不會穩定獲利？測得之績效報表如表4-4所示，在不更變動原始參數(9、26、52)的情形下，原則上都可以保持賺錢格局，其中又以短分線更為合適，不過比起前幾篇我們示範過的波段程式，總獲利金額還是有些差距，不過至少我們證明一目大師的發明還是相對有效，由於期貨市場是百分之十的人奪走百分之九十的獲利，因此在交易時使用這個日平均圖策略其實已可打敗不少散戶！

表4-4 日平均圖策略績效比較表(回測期間：1998.07-2011.12)

	週線 停損：150點 停利：600點	日線 停損：250點 停利：400點	60分線 停損：275點 停利：525點	15分線 停損：75點 停利：500點
總獲利	660,000	1,039,800	2,393,400	2,124,000
勝率	44.44%	58.44%	43.32%	36.87%
最大策略虧損	(165,200)	(250,600)	(402,200)	(408,000)
平均獲利金額	120,000	46,257	45,197	22,723
平均虧損金額	(30,000)	(33,606)	(23,043)	(11,080)
賺賠比	4	1.38	1.96	2.05

3.運用在選擇權

　　既然日平均圖對我們在判斷格局是多或空是有幫助的，用在選擇權商品效果亦佳，以圖4-9為例，為2011年12月契約的7400 CALL，通常我們會將時間週期調整為十五分線，並將日平均圖點選出來，在圖中11.16時7400 CALL價格明顯跌破雲層，同時轉換線與樞紐線呈現死亡交叉，表示7400 CALL在這個點位(約230點)應該要站在賣方，而隨著指數一路下殺，至11.25時7400 CALL權利金加速損耗至35點，也就是說在這一段時間內，所有搶反彈買進7400 CALL的投資人全數被套牢，因此日平均圖可以簡單的將投資人的方向篩選出來，若在錯誤的時機進場，賠錢的機率會大增！

▼ 圖4-9 選擇權(2011年12月7400買權)十五分線與日平均圖

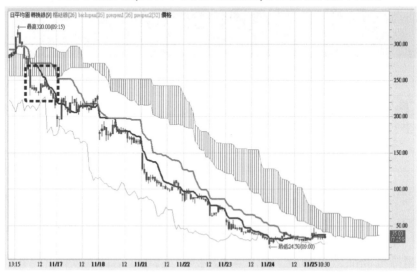

▼ 圖4-10 選擇權(2010年04月8000買權)十五分線與日平均圖

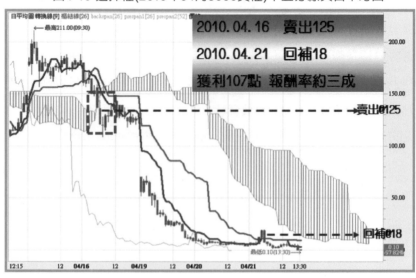

另一個例子為2010年4月契約，圖4-10為8000 CALL，一樣在2010.4.16時價格跌落雲層之下且兩線死亡交叉，則積極的投資人應可SELL CALL在125點的價格，SELL CALL之後直到4.21才有出現兩線黃金交叉的回補機會，因此這一次的獲利約為107點，以賣出選擇權所需支付的保證金來計算，報酬率約在三成左右！

三、K線策略研究

(1)三根K棒勝過一個諸葛亮

之前我們的篇幅比較著重在技術指標類的策略研討，這個章節中我們以K棒的角度出發，針對最簡單、最基本的K棒類型來研究看看，以圖4-11為例，光是用三根K棒，其實在程式邏輯上就有很多策略可以探討，如基本的開盤價(OPEN)、最高價(HIGH)、最低價(LOW)、收盤價(CLOSE)，而[3]就代表向前推算三根、[2]為前二根，因此從圖4-11看來為HIGH[1]>HIGH[2]且HIGH[2]<HIGH[3]，LOW[1]<LOW[2]且LOW[2]>LOW[3]，光從這幾個條件判斷，其實很少人會知道下一步作多好還是作空較佳？

以MULTICHARTS日線格局來回測，若按照圖4-11原理來作多，並在遇到結算日時平倉出場，則從1998年07月至今，僅交易六十三次，獲利金額為277,200元；若改為同一原理作空，績效會變成虧損403,200，因此究竟以三根K棒如何判斷進出場訊號？我們以簡單的參數檢查方法求出之十五分線策略最佳結果如下，作多條件

為high[1]<=high[2] and close[1]>=close[2] and close[2]<=close[3] and low[1]>=low[2] and low[2]>=low[3] and open[2]>=open[3]，這一段程式碼翻成中文為(1)前一根高點小於等於前二根高點(2)前一根收盤大於等於前二根收盤(3)前二根收盤小於等於前三根收盤(4) 前一根低點大於等於前二根低點(5)前二根低點大於等於前三根低點(6)前二根開盤大於等於前三根開盤;作空條件依此類推為high[1]>=high[2] and close[1]<=close[2] and close[2]>=close[3] and low[1]<=low[2] and low[2]<=low[3] and open[2]<=open[3];續效圖如圖4-12所示，總獲利表現不算是太好，不過至少讓投資人在對K棒的表徵解讀時，會有與以往不同的認識。除了十五分線，一樣的K棒邏輯套用在六十分線，績效表如圖4-13，表現仍屬穩定，不過若用在五分線策略，績效會轉為虧損150萬元以上，可見時間週期改變，K棒邏輯可能也必須要跟著調整。

▼ 圖4-11 三根K棒交易示意圖

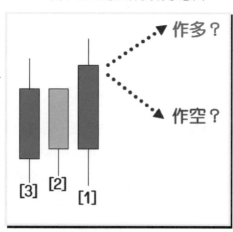

▼ 圖4-12 三根K棒交易策略績效圖(十五分線)

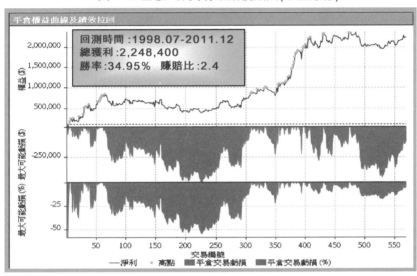

▼ 圖4-13 三根K棒交易策略績效圖(六十分線)

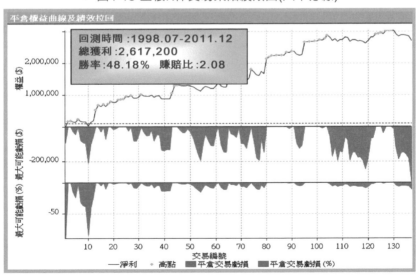

上一段的程式檢查方式較為繁瑣，若我們化繁為簡，將邏輯改成只要連續二根K棒高點創新高就買進，即為HIGH[1]>HIGH[2] AND HIGH[2]>HIGH[3]，放空條件則為連續二根K棒之低點創新低就放空，語法為LOW[1]<LOW[2] AND LOW[2]<LOW[3]，這個簡單的K棒原理有沒有機會獲利？我們另再加上停損參數，測出之績效表如表4-5，原則上為越短的分線策略表現會越佳，十五分線總獲利近六百五十萬，就一個如此簡單易懂的邏輯而言，表現難能可貴！

表4-5 K棒策略績效比較表(回測期間：1998.07-2011.12)

	週線 停損：0.9%	日線 停損：1%	60分線 停損：1.5%	15分線 停損：1.5%
總獲利	1,646,600	254,400	3,267,800	6,408,600
勝率	23.33%	26.17%	30.57%	40.53%
最大策略虧損	(572,200)	(701,200)	(422,600)	(536,200)
平均獲利金額	189,142	51,267	37,396	22,885
平均虧損金額	(21,782)	(17,223)	(11,797)	(11,426)
賺賠比	8.68	2.98	3.17	2

將上一段的程式微調，改為收盤要過前一根高點，且連續出現二次時才作多，即為CLOSE[0]>HIGH[1] AND CLOSE[1]>HIGH[2]，放空語法為CLOSE[0]<LOW[1] AND CLOSE[1]<LOW[2]，績效表如表4-6，原則上大概與表4-5相去不遠，仍是以十五線策略表現最佳，日線策略則是以本方式較好，可見不論是連續二根高點過高或是收盤過高，以三根K棒來定多空的

策略，長期下來要獲利並不難，最困難的還是投資人有沒有耐心可以長期跟隨。

表4-6 K棒策略績效比較表(回測期間：1998.07-2011.12)

	週線 停損：2.5%	日線 停損：3%	60分線 停損：0.9%	15分線 停損：2%
總獲利	1,556,600	1,465,600	2,755,000	5,559,200
勝率	24.24%	43.29%	32.74%	42.61%
最大策略虧損	(698,800)	(490,000)	(424,000)	(510,600)
平均獲利金額	332,375	61,242	40,214	25,982
平均虧損金額	(44,096)	(35,561)	(14,078)	(14,235)
賺賠比	7.54	1.72	2.86	1.83

(2)開盤八法行不行

所謂的開盤八法是指從開盤起連續觀察三根K棒的顏色來判斷接下來的動作應該是多或是空？通常投資人會將開盤八法運用在股票操作之上，也就是從09：00至09：15間的三根五分K走勢，但期貨提早十五分鐘開盤，因此前三根應為08：45至09：00。K棒的形式有三大類，黑K、紅K跟十字K。黑K表示空方力道較強，紅K表示多方力道較強，十字K表示多空力道相當。前三根K棒總共有2×2×2=8種組合，所以稱作開盤八法。八種K棒組合型態如下：

1. 第一法_漲漲漲：多
2. 第二法_漲漲跌：多
3. 第三法_漲跌跌：空
4. 第四法_跌跌跌：空

5. 第五法_跌跌漲：空
6. 第六法_跌漲漲：多
7. 第七法_漲跌漲：多
8. 第八法_跌漲跌：空

　　原則上我們是採「少數服從多數準則」，也就是三根K棒中若紅色佔多數，接下來就作多，反之，三根K棒中若黑色佔多數，接下來就作空，所以開盤八法中會有四種作多與四種作空狀況，既然開盤八法大家都耳熟能詳，談論起來也興致高昂，但八法中真的全數都會賺錢嗎？我們首先拿第一法「紅紅紅」開刀，績效圖如4-14所示，原則上是正的，十多年來獲利50萬元左右。再來我們針對第四法「跌跌跌」來測試，績效圖如圖4-15，也是可以獲利，但績效與第一法差不多，總獲利都很少，長期跟單恐怕沒有什麼成就感。至於其他的六法，我們一併將績效表列出，如表4-7，其中有三法會虧損，表示期貨市場並不是這麼單純，不過虧損的金額也不多，應屬於小賺小賠的交易思維。

▼ 圖4-14 開盤八法交易策略績效圖(紅紅紅)

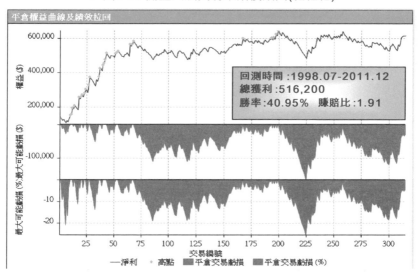

▼ 圖4-15 開盤八法交易策略績效圖(黑黑黑)

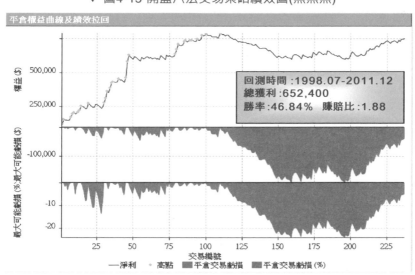

表4-7 開盤八法策略績效比較表(回測期間：1998.07-2011.12)

	漲漲跌 (多)	漲跌跌 (空)	跌跌漲 (空)	跌漲漲 (多)	漲跌漲 (多)	跌漲跌 (空)
總獲利	(350,400)	(509,000)	299,800	269,600	(406,600)	321,800
勝率	38.02%	33.33%	39.9%	42.24%	37.94%	40.56%
最大策略虧損	(469,600)	(575,800)	(287,600)	(182,000)	(687,400)	(229,600)
平均獲利金額	11,035	11,493	14,416	12,616	11,859	14,125
平均虧損金額	(8,232)	(8,397)	(8,475)	(7,925)	(8,687)	(8,114)
賺賠比	1.34	1.37	1.7	1.59	1.37	1.74

　　若試著將三個虧損的策略反作(漲漲跌、漲跌跌、漲跌漲)，如前三根K棒漲漲跌原來應該要作多，改成放空績效由原本虧損35萬變為獲利58,000元，如表4-8為我們將虧損策略多空反作的結果，全數都可轉為獲利，因此新開盤八法應該改為：

1. 第一法_漲漲漲：多

2. 第二法_漲漲跌：空

3. 第三法_漲跌跌：多

4. 第四法_跌跌跌：空

5. 第五法_跌跌漲：空

6. 第六法_跌漲漲：多

7. 第七法_漲跌漲：空

8. 第八法_跌漲跌：空

表4-8 開盤八法策略績效比較表(回測期間：1998.07-2011.12)

	漲漲跌(空)	漲跌跌(多)	漲跌漲(空)
總獲利	58,600	243,400	663,400
勝率	34.57%	41.46%	42.27%
最大策略虧損	(285,400)	(268,100)	(208,600)
平均獲利金額	15,077	13,784	13,971
平均虧損金額	(7,744)	(8,315)	(7,945)
賺賠比	1.95	1.66	1.76

　　若我們進一步將新開盤八法綜合成同一當沖策略，其績效表現會如圖4-16，總獲利可以來到近300萬元，不過這個策略獲利集中在1998年至2004年，之後就開始出線績效拉回的狀況，表示K棒策略雖然簡單易操作，但當遇到較為詭譎的行情時還是會面臨考驗！

▼ 圖4-16 新開盤八法交易策略績效圖

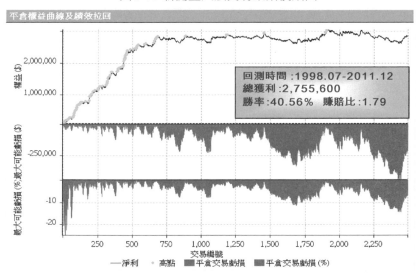

平倉權益曲線及績效拉回

回測時間:1998.07-2011.12
總獲利:2,755,600
勝率:40.56%　賺賠比:1.79

—淨利　．高點　■平倉交易虧損　■平倉交易虧損(%)

(3)二根K棒定多空

在第一章中我們介紹過二根K棒定多空的交易思維，當時探討的是前一日K棒顏色與今日開高或開低的關聯，這個部份我們探討今日K棒的顏色與今日開高或是開低的多空判斷準則，如圖4-17，假設我們要進場作多，今日顏色會有二種，即紅K或黑K棒，至於開盤價也會有二種，開高或開低，因此多單進場應會有四種狀況可供選擇。通常在說明會中若作一個簡單的調查，約會有六、七成以上客戶選擇選項一，因為今日若開高又是紅K棒，喜上加喜、錦上添花，哪有不大漲之道理？不過大多數客戶選的，正常應該會是錯誤的答案！如表4-9，為四種狀況長期下來之獲利績效表，選項一其實也不差，獲利近一百萬，比起選項二稍微落後，從績效表分析，可以看出只要今天的開盤高於昨收盤，作多就不會錯！

▼ 圖4-17 二根K棒交易示意圖

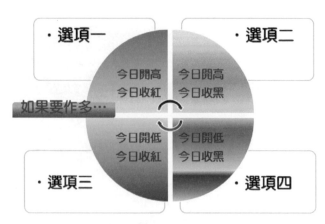

表4-9 K棒日線(只作多)策略績效比較表
(回測期間：1998.07-2011.12)

	一.開高紅棒	二.開高黑棒	三.開低紅棒	四.開低黑棒
總獲利	970,800	1,015,000	(44,800)	215,200
勝率	58.33%	54.78%	52.87%	54.49%
最大策略虧損	(1,350,400)	(1,216,800)	(1,503,600)	(1,244,200)
平均獲利金額	66,226	71,711	68,778	67,230
平均虧損金額	(77,781)	(72,566)	(77,748)	(77,456)
賺賠比	(0.85)	(0.99)	(0.88)	(0.87)

　　除了單向作多，我們再加入作空條件一起考量，以選項一為例，若開高紅棒為多單進場，相對的空單邏輯就是開低黑棒。所得之績效如表4-10，若以原則二來作為進出場準則，十多年下來有獲利三百萬的機會，雖然策略獲利拉回過大，不過程式邏輯簡單，有這樣的表現其實已勉強及格。以圖4-18來說，2011年八月初希臘出現倒債風暴，在08.04開盤就可放空一口台指期在8430，放空的理由很單純，因為08.03開盤比08.02收盤低(開低)，且08.03當日為紅K棒(紅棒)，空單續抱一直到08.15開盤時才翻成多單在7723，此時一口空單已可獲利達到十四萬以上！

表4-10 K棒日線(多空雙向)策略績效比較表

(回測期間：1998.07-2011.12)

	多-開高紅棒 空-開低黑棒	多-開高黑棒 空-開低紅棒	多-開低紅棒 空-開高黑棒	多-開低黑棒 空-開高紅棒
總獲利	473,000	3,000,400	(4,880,400)	(2,165,000)
勝率	41.61%	55.64%	39.47%	55.56%
最大策略虧損	(1,170,200)	(602,600)	(5,243,000)	(2,431,200)
平均獲利金額	36,307	27,921	29,131	24,144
平均虧損金額	(25,168)	(27,890)	(27,964)	(36,034)
賺賠比	1.44	1	1.04	(0.67)

▼ 圖4-18 二根K棒日線策略交易示意圖

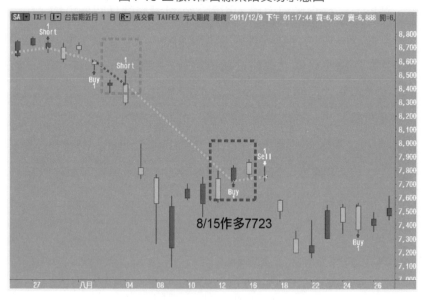

四、常見當沖策略

(1)LWBO策略

前幾章我們已經介紹大量的波段策略,這個章節我們簡單針對當沖策略提出一些看法,當然對於當沖高手來說,有點班門弄斧之感,不過對於當沖常常找不到較佳策略的投資人,或許有一些新的啟發。當沖由於局限於每日震幅的不足,長期下來會較波段留倉策略獲利低,當然有些專家天賦異秉,還是有可能寫出獲利較波段單優良之當沖策略。

第一個當沖策略叫LWBO策略,LW其實為Larry Williams的名字縮寫,他在《短線交易秘訣》一書當中曾經提出類似的用法,首先先計算出前一日的最高點與最低點,即highd(1)-lowd(1),再將昨日高低差乘以0.3(最佳化得到之參數),以圖4-19為例,為2011.06.19與06.20連續二日五分K線,06.09當日高點減當日低點再乘以0.3為16.8,有了16.8這個關鍵值後,我們再統計06.10前十五分鐘之高低點,分別為9069與9046,所以06.10的多方線即為當日前十五分低點加昨日關鍵值,如圖4-20算法,06.10多方線即為9063;空方線的計算方式亦同,為當日前十五分高點減去昨日關鍵值,因此06.10的多方線(9063)與空方線(9052)即為當日重要指標,九點過後若有哪根五分K棒的收盤跌破或突破這二個價位,則進場訊號就會啟動。以2011.06.10為例,可放空在9032,終場獲利近二百點之多!

▼ 圖4-19 LWBO當沖交易示意圖

6/9當日高點9050
6/9當日低點8994
6/10關鍵值公式為:
(昨高-昨低)*0.3=16.8

▼ 圖4-20 LWBO當沖交易示意圖

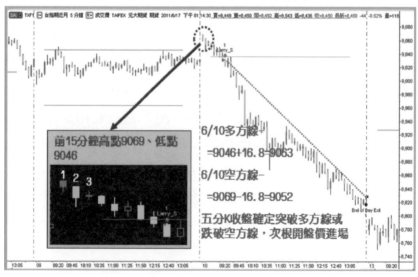

前15分鐘高點9069、低點9046

6/10多方線+
=9046+16.8=9063
6/10空方線-
=9069-16.8=9052

五分K收盤確定突破多方線或跌破空方線,次根開盤價進場

　　聰明的讀者應該可以慢慢發現，這還是一個順勢當沖系統，同時若前一天的高低差距越小，當日的進場訊號就會越容易發生，反之，若前一日高低差距很大，當日進場的機率就不高，這也頗符合一般人對大漲大跌之後盤勢就會開始休息的看法。LWBO當沖策略的回測績效圖如圖4-21，順勢交易果然在2004年至2005年大盤整年時，討不到太大便宜，不過在正常波動度夠大的狀況下，類似的突破當沖模組還是會有獲利的潛力，只要當日日K線為超大根的長紅棒或長黑棒，就一定可以抓到應有的利潤。LWBO之所以好用，就算我們將同一原理改成波段留倉交易，績效一樣相對平穩，績效圖如圖4-22，每年保持獲利格局並不太難，最大策略虧損僅有二十多萬，約為總獲利5%，在實務上看來是可以跟隨的交易策略！

▼ 圖4-21 LWBO當沖交易策略績效圖

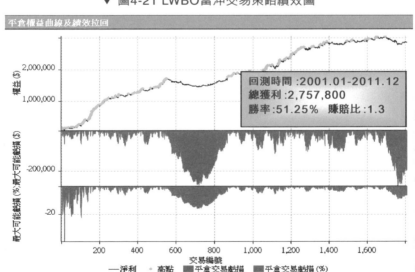

▼ 圖4-22 LWBO波段交易策略績效圖

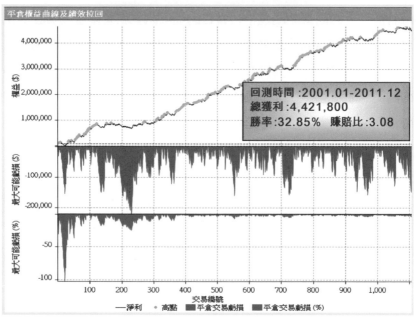

(2)開盤價BO策略

要看台指期某一年的當沖策略好不好操作？由一個最簡單的當日沖銷操作策略即可看出，假設將台指期每天開盤後的第一個價位標記出來，後續盤中價格若有突破這個開盤價乘上1.2%時就進場追多單；跌破低點乘上1%時就進場追空單，舉例來說，若2011.12.12開盤價為6975，則6975*1.2%=83.7，所以當日的多方關鍵價即為6975+84=7059；空方道理亦同，空方基準線即為6975*(1-0.01)=6905。

從圖4-23當沖績效圖表可以看出，從1998年至今只有2006年大盤整行情時曾經虧損過11,400，其他年份都是獲利滿滿的格局，不過2009年年獲利只剩下85,600元，2010也僅有30,200左右的獲利，2011至年底時甚至還虧損5萬元左右，表示近年來趨勢已不走單向順勢盤，盤中上下洗刷情況已越來越嚴重，簡單的說就是留上、下影線的機率更高了。當然就歷史資料來分析，長期按照這樣簡單的操作方法仍是有機會賺錢，因為我們永遠不知道，逆勢吃香的盤整盤何時會轉為順勢盤，因此最好的交易方法還是將交易策略分散，避免將所有資金放在同一策略中！舉例來說，若某交易者有下兩口大台的資金，我們會建議將其分散至八個小台指策略下單，以達到分散風險、平滑策略績效之目的。

▼ 圖4-23 開盤BO當沖交易策略績效圖

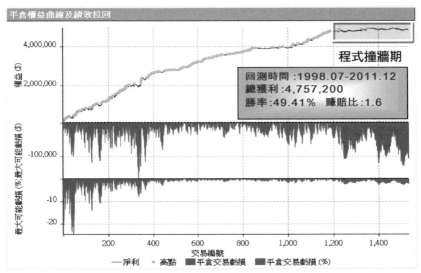

(3)HL價BO策略

前二段中我們都是在介紹順勢BO策略，一個爲LWBO策略，另一個爲開盤價BO，這一個部份我們將BO的概念再衍生，我們在邏輯中設定一個時間參數TT，假設測出之TT值爲09：05，則如圖4-24交易圖所示，從台指期開盤到09：05這四根五分K棒當中，分別找出區間高價與區間低價，最高點乘上某個百分比(假設爲0.5%)即爲當日多方線；空方線即爲區間低價減去某個百分比，因此每天都會有一個帶狀區域被劃出來，若當日行情在開盤前20分鐘就走完，後續盤中就不會有進場作單之機會，對於交易次數的控制亦可收到一定之效果。

將這個邏輯以五分線回測，測得之績效圖表如圖4-25，總獲利尚屬穩定，十多年來僅有2005年與2007年曾經虧損5萬元以內，總獲利359萬元，最大策略虧損21萬元，都在總獲利10%之基本要求之內。測得之TT參數爲09：10，上漲參數爲0.4%、下跌爲0.2%。

▼ 圖4-24 HL價BO當沖交易示意圖

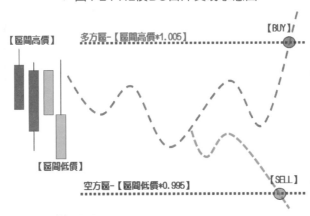

▼ 圖4-25 HL價BO當沖交易策略績效圖

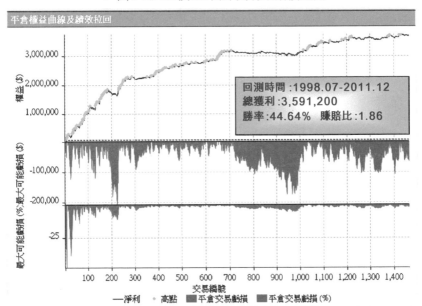

常用的BO當沖策略還有更簡單的方式，以圖4-26，2010.6.15當天為例，我們以前二根三十分鐘K之最高與最低點為當日多、空基準線(分別為7384與7364)，之後再檢視若有收盤高於多方線(如A點處)或低於空方線時，則下一根就以開盤價進場追多單或追空單。

▼ 圖4-26 三十分線策略當沖示意圖

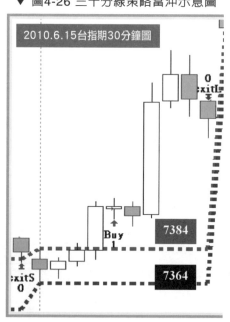

這樣的當沖交易策略還有一最大的好處，那就是因為是以較長的週期K棒來作交易，有效的過濾了盤整的訊號，就算作錯邊停損嚴格設定為五十點，只要當日的K線實體部份夠長，獲利的機率約會有一半以上，從圖4-27回測績效圖看來，1880次的當沖交易中，

勝率的確可以達到一半以上，對於不想波段留倉的交易者而言，不失為一簡單易執行的交易模式。類似的突破策略在市場中已行之有年，如同海龜操作法一樣，長期有紀律的執行交易規則，相信經年累月下來都可以收到不錯的效果！

▼ 圖4-27 三十分線當沖交易策略績效圖

Performance Summary: All Trades

Total Net Profit	$2,767,000.00	Open position P/L	$0.00
Gross Profit	$9,029,700.00	Gross Loss	($6,262,700.00)
Total # of trades	1,880	Percent profitable	50.16%
Number winning trades	943	Number losing trades	937
Largest winning trade	$82,300.00	Largest losing trade	($10,500.00)
Average winning trade	$9,575.50	Average losing trade	($6,683.78)
Ratio avg win/avg loss	1.43	Avg trade (win & loss)	$1,471.81
Max consec. Winners	8	Max consec. losers	12
Avg # bars in winners	4	Avg # bars in losers	3
Max intraday drawdown	($118,000.00)		
Profit Factor	1.44	Max # contracts held	1
Account size required	$119,000.00	Return on account	2325.21%

五、常見波段策略

(1)ABERRATION波段策略

「ABERRATION」中文為偏離之意，為市場中頗為流行的通道系統之一，以圖4-28台指期小時線圖為例，本系統由三條線所

組成，通道的中間線爲將前二十根K棒的最高價加上最低價除以二(HIGH+LOW/2)之均值；通道上線(紅色線)爲中間線加上0.5倍標準差所算出；下通道價格則爲中間線減掉0.5倍標準差，利用這三條線所組合而成之通道，就可達到過濾雜訊及抓取大波段行情之功能。

　　至於程式進出場的邏輯爲，只要價格在每日12：45前突破任何一邊就進場，如圖4-28中，2010.06.11價格站上通道上線，多單可進場在7287，直到6/17結算日價格都沒有碰觸中間黃色的出場線，尾盤因結算因素多單出場在7520，即爲一次完整的多頭交易！簡單的說，就是對過去的K線取N天的標準差，當價格超出上下兩個設定的標準差時，就將其視爲極端行情來順勢交易，然後以一條均線當作移動停損或停利的出場點。

　　這套系統之前在國外售價約爲3,000美元左右，由於其簡單易懂，同時運用在十幾種市場上都有不錯的表現，就算用來當沖都有獲利的潛力。首先我們以台指期六十分線策略回測，績效圖表如圖4-29，其中2005年與2010年呈現虧損，顯示類似的通道系統還是躲不掉大盤整盤的荼毒。其中最大策略虧損拉高到50萬以上，已超過最大策略虧損的10%以上，對於一個波段策略而言，穩定性稍嫌不足。

▼ 圖4-28 台指期小時線與ABERRATION指標圖(波段)

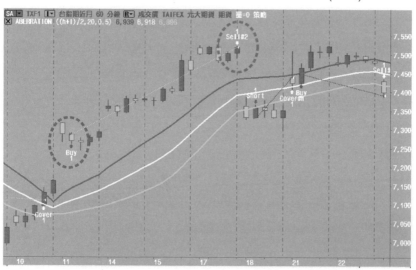

▼ 圖4-29 ABERRATION波段策略績效圖

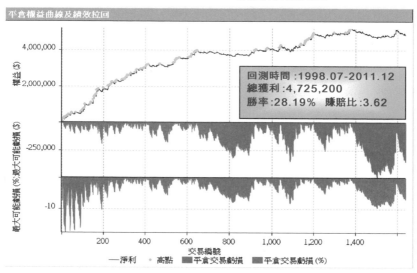

我們若將ABERRATION策略改為當沖,如圖4-30為例,以6/11至6/17這四個交易日來說,由於每天開盤都在通道上線之上,因此開盤價就是作多點,並在收盤時多單出場,若盤中有碰到通道中線則保持空手。這樣的交易邏輯的確符合多頭格局只作多;空頭格局只作空的原則,長期回測下來的確也得到不錯的交易效果。十四年來在將近四千次的當沖交易中,勝率約可維持在44%左右,總獲利約為330萬元,長期而言是一個簡單、可行的交易概念!

▼ 圖4-30 台指期小時線與ABERRATION指標圖(當沖)

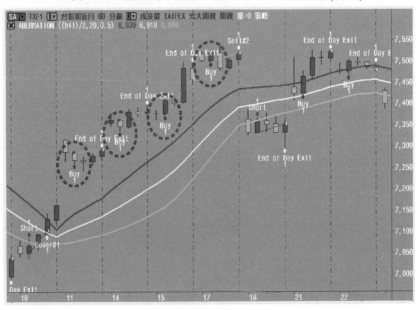

　　除了台指期，我們將一模一樣的策略套在歐元(EC)的三十分線中，測得之績效圖表如圖4-31，從2007年年中開始回測，波段單約可獲利3萬美元以上(台幣近100萬元)，將ABERRATION系統套用在不同市場中皆可賺錢，可見越簡單的策略思考也許越具有實戰交易的潛力！

▼ 圖4-31 ABERRATION波段策略績效圖(三十分線歐元)

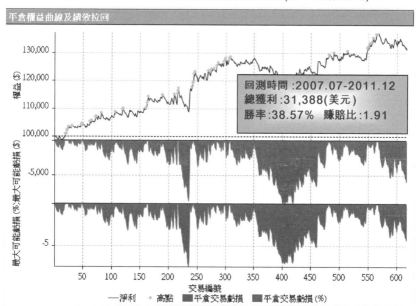

(2)ABS波段策略

ABS波段策略當中包括了較多元素，abs為絕對值(absvalue)之義，策略的核心為檢核六十分線K棒的長度，首先定義一個VALUE1為當根K棒之開盤價減去收盤價之絕對值，作多條件有幾個，首先為KD指標中的D值要大於五十、當根收紅K棒，且VALUE1大於過去二十根均值，簡單的說，這個策略試著要在趨勢的發動點進場，只要K棒實體突然變大，就啓動進場訊號。反之，作空條件亦同，若KD指標中的D值小於五十、且當根收黑K棒，同時VALUE1大於過去二十根均值，即啓動空方訊號。

以MULTICHARTS回測歷史資料的結果，如圖4-32，總獲利近500萬元，但最大策略虧損偏高達43萬元，就月平均獲利圖來看績效仍屬穩定，長期平均下來除了九月份曾經虧損過之外，維持大賺小賠並不太難。ABS波段策略中有三個元素，第一為K棒的暴衝，第二為KD指標的讀數，最後則為當根K棒顏色。若將這三個元素拆開，績效比較表如表4-11，個別條件拆開後績效爛得很離譜，幾乎沒有可能單獨去使用。在此提出這個比較表的目的是在提醒交易人，有時看起來其貌不揚的朽木，經過用心雕塑之後，還是有可能變成傳家之寶，只是看我們將元素如何拆解或組合罷了！

▼ 圖4-32 ABS波段策略績效圖

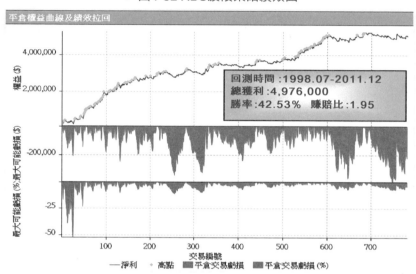

▼ 圖4-33 ABS波段策略月平均獲利圖

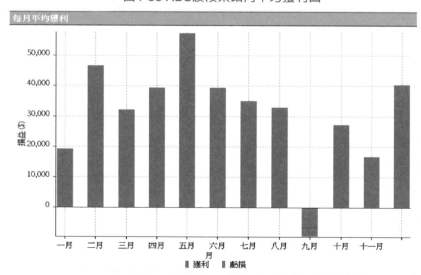

表4-11 ABS策略績效比較表(回測期間：1998.07-2011.12)

元素	ABS三合一	K棒暴衝	KD指標	K棒顏色
總獲利	4,976,000	(247,600)	270,600	(347,200)
勝率	42.53%	32.34%	36.62%	33.57%
最大策略虧損	(432,200)	(2,964,200)	(1,400,200)	(2,065,400)
平均獲利金額	48,684	19,526	32,420	13,373
平均虧損金額	(25,024)	(9,488)	(18,475)	(6,900)
賺賠比	1.95	2.06	1.75	1.94

六、分散風險-放眼全球市場

在第一章中我們就曾提過，期貨獲利的眞諦應該是「分散」再「分散」，在單一市場中就要分散策略，更進一步的是將操作標的分散到全球市場當中。以台灣期貨市場來說，流動風險較小的有台指期、小台指、電子期與金融期，在僅有四個操作標的的狀況之下，對較大額資金的期貨交易者來說，會顯的捉襟見肘，時有難盡情發揮之感。同時，如果只關注單一市場，若遇到系統風險，作錯邊勢必會全軍覆沒。以圖4-34來說，爲台指期與美元指數比較圖，我們使用一樣的時間窗格，大概可以看出兩個商品間走勢是呈現負相關的。

至於美元指數是什麼？本篇先作一簡單的介紹，美元指數（US Dollar Index&reg；USDX）它類似於察看美國股票綜合狀態的道瓊斯工業平均指數（Dow Jones Industrial Average），而美元指數察看的是美元的綜合值。爲一種衡量各種貨幣強弱的指標。其

實美元指數並非來自CBOT或是CME，而是出自紐約棉花交易所
(NYCE)。紐約棉花交易所初期由一群棉花商人及仲介商所組成，
目前是紐約最古老的商品交易所，也是全球最重要的棉花期貨與選
擇權交易所。在1985年，紐約棉花交易所成立了金融部門，正式進
軍全球金融商品市場，首先推出的便是美元指數期貨。

▼ 圖4-34 台指期與美元指數日線圖

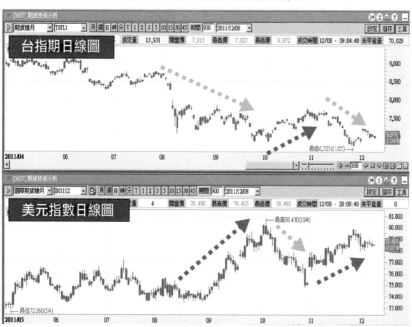

為何美元指數與股市通常呈現反向變動？USDX是綜合反映美
元在國際外匯市場的匯率情況的指標，用來衡量美元對一籃子貨幣
的匯率變化程度。它通過計算美元和對選取的一籃子貨幣的綜合變

化率，來衡量美元的強弱程度，從而間接反映美國的出口競爭能力和進口成本的變動情況。因此若美元指數上漲，說明美元與其他貨幣的比價上漲也就是說美元升值，那麼國際上主要的商品都是以美元計價，則所對應的商品價格勢必下跌。美元升值對國家的整個經濟有好處，提升本國貨幣的價值，增加購買力。但對一些工業也有沖擊，比如說，進出口工業，貨幣升值會提高出口商品的價格，因此對一些公司的出口商品有影響。若美元指數下跌，則情形正好相反。

▼ 圖4-35 道瓊指數與美元指數日線比較圖

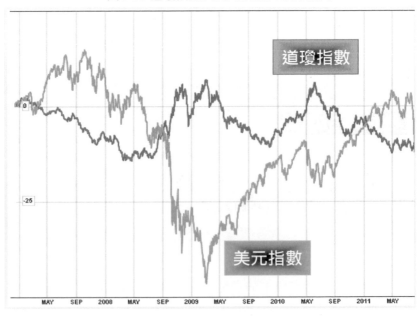

　　從圖4-35可以明顯看出，若我們將美元指數與道瓊指數放在一起對照，走勢明顯無相關性，因此對於期市或股市投資人而言，或許可以在熊市時考慮買進美元指數期貨來規避下跌風險。放出這幾張圖只是在強調，眼光放遠對交易一定有好無壞，期貨賺錢就是靠波動變大，最好一波漲翻天或跌到底，但若只看台灣期貨市場的商品，則進場的機會一定少很多，若手中有不差之交易策略，不就白白浪費了「錢進全球」的機會！

　　當我們把期貨交易的眼光從台灣放眼到全球市場後，交易的標的更多了，當然也會有效分散單一市場失去效率的風險。投資人最常問的應該是國外期貨資訊從何找起？我們以期貨商網頁為例，若某人對歐元期貨有興趣，首先要瞭解的應該是合約規程與保證金事宜，如圖4-36為外期商品保證金比較表，歐元原始保證金為5,400美元，維持保證金為4,000美元，因此若作錯邊，只要虧損1,400美元就會有被追繳風險，以歐元期貨每點12.5美元計算，1400/12.5=112點，投資人可要特別注意交易風險！在接下來的段落中，我們簡單介紹幾種常見之國外期貨商品，並提出可行之交易策略，讓投資人在放眼全球市場的過程中能夠更順暢！

▼ 圖4-36 國外期貨保證金比較圖

商品代碼	商品名稱	商品類別	結算幣別	每一大點價值	原始保證金	維持保證金
AD	澳幣	期貨	USD	100,000.00	4,320.00	3,200.00
BO	黃豆油	期貨	USD	600.00	1,350.00	1,000.00
BP	英鎊	期貨	USD	62,500.00	2,025.00	1,500.00
C	玉米	期貨	USD	50.00	2,363.00	1,750.00
CD	加幣	期貨	USD	100,000.00	3,105.00	2,300.00
CL	輕原油	期貨	USD	1,000.00	7,560.00	5,600.00
DJ	道瓊指數	期貨	USD	10.00	8,750.00	7,000.00
E7	迷你歐元	期貨	USD	62,500.00	2,700.00	2,000.00
EC	歐元	期貨	USD	125,000.00	5,400.00	4,000.00

　　我們首先簡單舉幾個例子讓讀者瞭解，為什麼國外期貨成交量佔比越來越高？市場關注程度也越來越火紅？圖4-37為東工生膠日線圖，在2010年10月初時，由於油價又開始蠢蠢欲動，連帶使得許多原物料類商品期貨都出現了一大段的波段走勢，從東工交易所的生膠來看，在十月初時，日線CCI突破了一百向上走，是進場作多的好時機(作多之成交價約為300)，直到2011年03月初，日線CCI指標才回到負一百的作空位置點，而期貨商品之價格已從300漲到480，以東工生膠之契約規格每一大點5,000日圓來換算，這筆波段交易可獲利約90萬日圓，約為台幣33萬元，若操作大台指則必須要有一千六百點的獲利，我們可以捫心自問，台指期是否經常會有一千六百點以上的波段行情，若執著苦苦守在這個交易難度越來越高的市場上，對於交易績效助益並不大！

▼ 圖4-37 東工交易所生膠日線圖

作空 @480

作多 @300

另如圖4-38為2010年06月底時的小麥六十分鐘圖，不健忘的
投資人應該都還記得2010年為台指期近年來交易難度最高之一年，
大量的跳空或橫盤震盪格局，使得指數經常走不出長期趨勢，不少
交易者因此黯然神傷。當時新聞媒體曾報導，2010年夏天的綠豆價
格漲幅達百分之一百，由於全球氣候越來越異常，首先會影響的應
該就是農作物，既然綠豆上漲，農作物類期貨勢必也不會太弱，於
是我們以小麥期貨為例，先將小時線的RSI指標點選出來，以突破
六十就作多小麥期貨；跌破四十就多單平倉的策略看來，2010.07
月會有二次作多的機會，第一次約可獲利60點；第二次為25點，合
計為85點。而當時CME的小麥期貨保證金為美金1,350元，亦即這

二筆交易獲利約為4,250美元(最小跳動單位0.25美分為12.5美元)，
報酬率已達300%以上！總之，台指期上下震幅越來越小，表示湯中
的肉變少了，但當沖參與者卻越來越多，想要在當中分一杯羹，本
來就不容易，若能將眼光放遠，將資金分佈在不同市場、不同商品
中，長期下來將風險分散，將可達到更佳的交易效果。

▼ 圖4-38 小麥期貨小時線圖

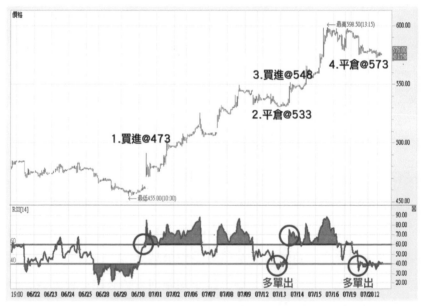

　　最後我們看一下近期當紅炸子雞-黃金。圖4-39為黃金日線圖，按照歷史經驗分析，黃金價格與道瓊指數有高度負相關的特性。以圖4-39黃金的日KD指標來看，2010年當年只要KD指標的讀數大於八十以上就買進多單，看來都是獲利滿滿，以2010.08月初的買點來看，約可以1200點買進，未平倉獲利約為14,400美元，以當時黃金期貨保證金5,739元算來，資金運用的報酬率已達250%以上，相較於蟹步橫盤台指市場，黃金的確為一可持續關注之交易標的！

▼ 圖4-39 黃金日線圖

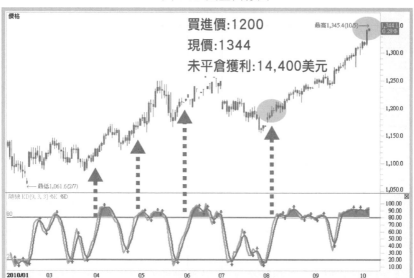

上一段我們簡單舉了些國外期貨的交易實例，接下來我們將台灣交易人最常交易的國外期貨商品作一簡單介紹：

(1)國外重要期貨介紹-摩台期貨(STW)【指數類期貨】

表4-12 摩台期貨契約規格與保證金

商品(代號)	STW
合約規格	指數*100美元
最小跳動點	0.1點=10美元
合約月份	3,6,9,12月及連續二個近月
漲跌限制	7%,10%,15%中間10分鐘冷卻 (到期月份於最後交易日無漲跌幅限制)
交易時間	8：45-13：50 14：35-02：00(ETS) *現貨09：00-13：30 *QUEST最後五分鐘為集合競價
原始保證金	2,000
維持保證金	1,600

摩台期貨全名為摩根台股指數期貨，代碼STW，也有人稱為摩根或是摩台。

在1997年於新加坡期貨交易所正式掛牌交易。原始保證金及交易時間如表4-12，與台指期一樣也是每個月結算一次，近月契約的最後交易日為每個月的倒數第二個交易日，以2011.12月為例，最後一個交易日為12.30，所以就是摩根的結算日。

　　摩台期貨的現貨為摩根指數,由台股百檔左右的權值股所組成,因此摩台期貨其實類似在新加坡掛牌的台灣五十期貨。摩台期貨由於漲跌停限制更有彈性(最多可到15%),同時有下午盤的機制,對於台灣期貨市場收盤後的避險可以發揮極重要之功能,因此摩台指參與者通常為外資法人,本商品也儼然成為國際資金投資台股的一個避險管道。從圖4-40看來,2011.12.15當日未平倉量接近17萬口,但成交量僅4.2萬口,比值約為25%;而同一日台指期近月的未平倉量為7萬口,成交量為10萬口,比例為142%,很明顯的可以看出台指期市場中當沖風氣較盛,已沒有太多人有意願留倉。另一個角度來分析,也可說是摩台期貨方向性較為穩定,散戶的比重相對較低。

▼ 圖4-40 摩根期貨未平倉分析

日　期	成交價	漲　跌		成交量	未平倉量	未平倉變動	變動差值
2011/12/15	241.30	▼	5.60	42,561	169,543	2,834	5,322
2011/12/14	246.90	▲	0.20	25,984	166,709	2,488	-3,980
2011/12/13	246.70	▼	2.30	30,880	169,197	1,492	1,843
2011/12/12	249.00	▲	3.70	30,670	167,705	351	-608
2011/12/09	245.30	▼	3.70	45,156	168,056	257	-972
2011/12/08	249.00	▼	3.40	37,525	167,799	1,229	891
2011/12/07	252.40	▲	2.00	35,930	166,570	338	-4,299
2011/12/06	250.40	▼	4.10	44,132	166,232	4,637	6,450
2011/12/05	254.50	▼	0.50	38,077	161,595	1,813	2,447
2011/12/02	255.00	▼	2.70	33,871	163,408	4,260	-1,606
2011/12/01	257.70	▲	11.30	59,792	167,668	2,654	-4,800

商品 TAX12 ▼ 摩根期12　　　　線圖

| 成交價 | 242.80 | 漲　跌 | ▲ 1.50 | 漲跌幅 | 0.62% | 成交量 | 23,066 | 昨日交易量 | 42,561 |
| 開盤價 | 242.20 | 最高價 | 243.50 | 最低價 | 241.30 | 未平倉量 | 169,543 | 未平倉變動 | 0 |

【摩台期貨當沖範例-KD當沖法(五分線)】

　　我們將之前在台指期用過的五分KD當沖交易策略來套用在摩
台期貨上，邏輯原理為當KD指標的K值與D值都在高檔且死亡交叉
時就作多；K值與D值都在低檔且黃金交叉時就放空，當然我們加上
了停損與停利的參數，同時也對KD指標高低檔的參數定義作了歷史
資料的探勘。所得之策略圖如圖4-41，總獲利為23,585美元，雖總
獲利金額不多，但每年大概都可穩定獲利，也不失為一個分散風險
之好標的！

▼ 圖4-41 摩根期貨當沖績效圖

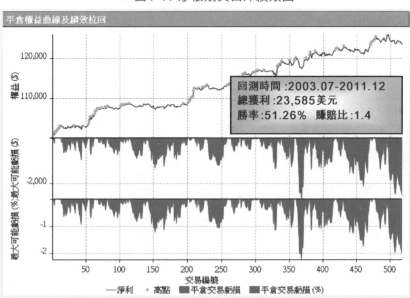

(2)國外重要期貨介紹-歐元(EC)【外匯類期貨】

表4-13 歐元契約規格與保證金

商品(代號)	EC
合約規格	125,000歐元
最小跳動點	1點=12.5美元
合約月份	季月契約：3,6,9,12月
漲跌限制	無
交易時間	夏令06：00到次日05：00 冬令07：00到次日06：00 （週一提早兩小時開盤）
原始保證金	5,400
維持保證金	4,000

目前台灣可交易的歐元期貨種類有三種，分別為迷你歐元期貨、小歐元期貨以及常見之歐元期貨。在合約規格的差異上，迷你歐元期貨的合約規格是歐元期貨的十分之一；小歐元期貨的合約規格則是歐元期貨的一半。而從合約規格的角度切入，一口歐元的合約規格規模是125,000歐元，且其原始保證金僅需5,400美元，所以歐元期貨的交易槓桿約是5,125,000(125,000歐元)/155,520(5,400美元)=32.95倍，將近33倍的槓桿，比起目前台指期的16至18倍，風險與獲利幅度都將會更為驚人。歐元期貨在目前台灣交易人交易商品數量排名約在第二位，僅次於新加坡交易所的摩台指商品。

表4-14 三種歐元商品契約規格比較表

	迷你歐元	小歐元	歐元
原始保證金	USD 540	USD 2700	USD 5400
維持保證金	USD 400	USD 2000	USD 4000
當沖保證金	USD 270	USD 1350	USD 2700
每跳動點價值	1點=USD 1.25	1點=USD 6.25	1點=USD 12.5
契約月份	季月契約：3,6,9,12月	季月契約：3,6,9,12月	季月契約：3,6,9,12月
交易時間 (台灣時間)	夏令06：00到次日05：00 冬令07：00到次日06：00 (週一提早兩小時開盤)	夏令06：00到次日05：00 冬令07：00到次日06：00 (週一提早兩小時開盤)	夏令06：00到次日05：00 冬令07：00到次日06：00 (週一提早兩小時開盤)

【歐元期貨當沖範例-KD當沖法(五分線)】

我們將前幾章提到的一些策略套用在歐元期貨上，試試有無獲利的機會？首先我們套上五分KD當沖操作，程式邏輯仍是當KD指標的K值與D值都在高檔且死亡交叉時就作多；K值與D值都在低檔且黃金交叉時就放空，並加上停損與停利，如圖4-42為2011.12.12當日歐元五分線圖，在01：55當根出現KD指標的值都低於三十以下，同時出現黃金交叉，於是可在下一根五分K開盤放空一口歐元期貨在13,303，尾盤平倉在13,188，獲利點數為115點，約為台幣43,125元左右(115*12.5*30=43,125)。而其長期回測績效圖形如圖4-43所示，總獲利約84,000多美元，除2005年出現過虧損之外，原則上還算是有趨勢的期貨商品！

▼ 圖4-42 歐元期貨當沖交易示意圖

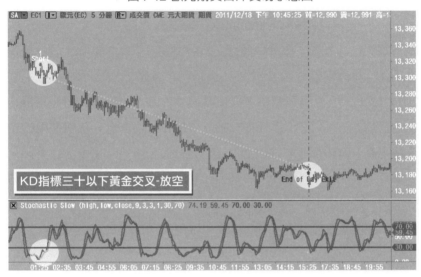

▼ 圖4-43 歐元期貨當沖績效圖

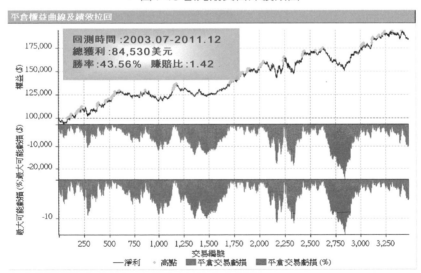

【歐元期貨波段策略範例-RSI順勢(小時線)】

　　上一段提到歐元期貨算是較有趨勢性之商品，當沖交易可以維持賺大賠小格局，我們將邏輯改為波段留倉，並套用之前曾用過之RSI順勢的交易方法。以圖4-44為例，為歐元期貨小時線圖，在2011.12.12時，RSI指標由上向下跌破空方基準線三十，於是有機會在當日放空在13253，直到12.26盤中RSI突破六十，之前進場的空單就可在13070反手作多。此筆交易獲利183點，約為2,287美元，若換算成台幣獲利金額已近7萬元！至於按照RSI順勢波段策略的績效如何？如圖4-45，總獲利為9萬美元以上，不過近期有績效拉回跡象，不過當大行情來時，應該還是很有主動出擊擷取獲利的能力！

▼ 圖4-44 歐元期貨波段策略交易示意圖

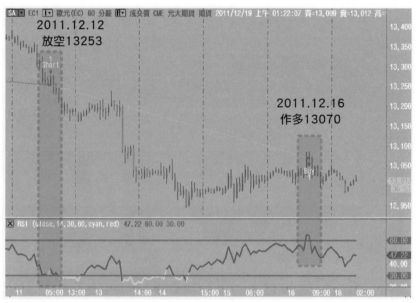

▼ 圖4-45 歐元期貨波段策略績效圖

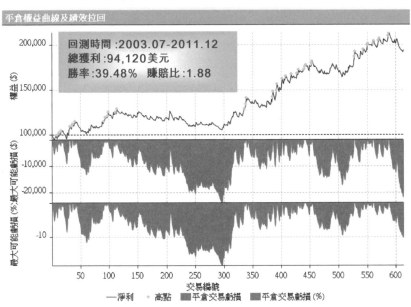

【歐元期貨波段策略範例-KD(三十分線)】

　　歐元期貨波段策略除RSI順勢之外，我們將時間週期改爲三十分線，並簡單運用KD指標邏輯來思考，作多條件爲當K值與D值黃金交叉時且D值高於某一個多方基準線就多單進場；反之，當K值與D值死亡交叉時且D值低於某一個空方基準線就空單進場，如圖4-46，自2007.01月以來，測得之最佳參數分別爲80(多方基準)與15(空方基準)，在2011.12.07出現KD死亡交叉且D值降到15以下，因此可放空一口歐元期貨在13360的價位，空單在倉直到12.15時才出現D值在80以上之黃金交叉作多時機，所以此筆歐元空單約可獲

利270點，獲利金額達3,375美元。至於長期回測績效，如圖4-47，四年多來已可獲利美金10萬元以上(換算台幣約300萬元)，以同期台指期零零落落的交易績效看來，歐元期貨的波段策略獲利潛力似乎更為驚人！也更符合期貨市場投資者分散市場、分散風險之需求。

▼ 圖4-46 歐元期貨波段策略交易示意圖

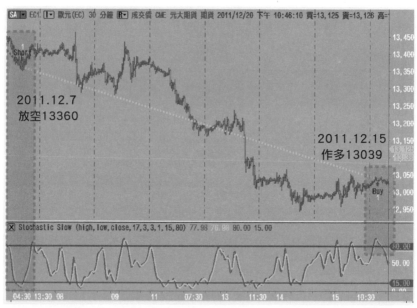

▼ 圖4-47 歐元期貨波段策略績效圖

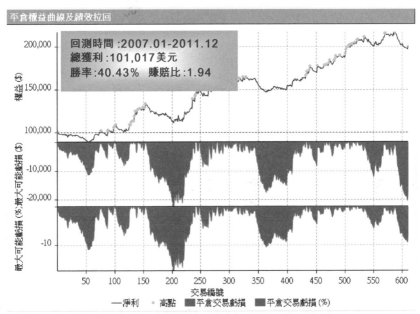

(3)國外重要期貨介紹-S&P 500(ES)【指數類期貨】

表4-15 小S&P期貨契約規格與保證金

商品(代號)	ES
合約規格	指數*50美元
最小跳動點	0.25點=12.5美元
合約月份	季月契約：3,6,9,12月
漲跌限制	每季修正公告
交易時間	星期一:0600-次日0415 星期二至五:0430-次日0415 (0530-0600暫停交易) 最後交易日:21:30收盤
原始保證金	5,000
維持保證金	4,000

　　小S&P商品期貨為目前台灣交易人交易第三名之外期商品，有別於大S&P每點價值為250美元，小S&P之契約規格看來更令我國投資人接受。S&P 500指數(Standard & Poor's 500)，是由知名標準普爾公司針對美國主要產業中最具代表性的領導企業，挑選出500家作為反映美國經濟與股市動向的指數，該指數同時也是全球市場分析師用來回顧與預測美國市場脈動的重要指標，而這五百家公司通常也可說是，美國上市公司中，市場價值表現最突出的500大公司。

　　目前S&P 500成分股中，囊括美國十大產業、全球知名大公司，其中包括電信巨人AT&T、全球CPU霸主英特爾(INTEL)、軟體龍頭微軟(Microsoft)，石油業巨擘艾克索美孚(Exxon Mobil)，百年老店可口可樂(Coca-Cola)，金融業老大哥花旗集團(Citi-group)等。因此鎖定S&P 500，便是鎖定美國當代主流企業，亦是投資當代全球產業龍頭。不過也正因為成份股多達五百檔，將會使得指數走勢較為不一致，如同台指期與金融期一般，金融期通常收長上、下影線機率會較台指期少一些，就是因為其組成成份股單純所致。

【小S&P期貨當沖範例-KD當沖法(五分線)】

　　在小S&P的交易範例中，首先將常用的五分KD當沖策略套入，邏輯一樣是當KD指標的K值與D值都在高檔且死亡交叉時就作多；K值與D值都在低檔且黃金交叉時就放空，從2003年07月至今，獲利約僅2萬美元左右，且獲利集中在某特定年份，原則上小S&P不算是適合當沖的期貨商品。

▼ 圖4-48 小S&P期貨當沖策略績效圖

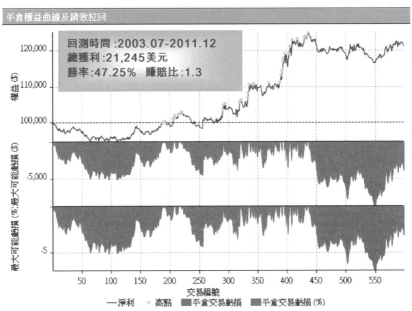

【小S&P期貨波段範例-凱勒通道(小時線)】

　　將之前常用在波段留倉之凱勒通道套入小S&P期貨，參數最佳化之後結果分別為買進時，均線為MA20、ATR參數為3.5倍；賣出時，均線為MA10、ATR參數為4倍。不論買進或賣出，通道的上下緣都相當寬，顯示小S&P上下震盪的機會很大，冒然進場恐怕會被巴的體無完膚，以通道策略來抓取真正夠大的行情，雖然勝率低到20%以下，但賺賠比夠高，長期交易下來仍是有穩定獲利之機會！

▼ 圖4-49小S&P期貨波段策略績效圖

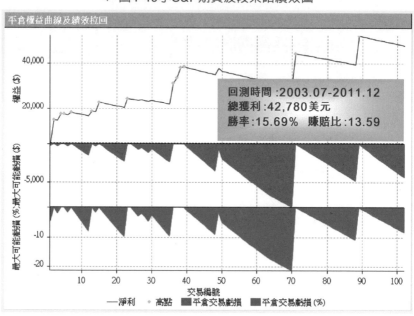

【小S&P期貨波段範例-KD+RSI(三十分線)】

　　以凱勒通道交易交易小S&P期貨勝率偏低，長期下來跟單恐怕會失去信心。因此我們將常用的KD與RSI指標加入測試，作多條件為當RSI大於某一多方基準線時，若KD也黃金交叉且D值小於某個參數值就多單進場；空方則為當RSI小於某一空方基準線，若KD也死亡交叉且D值大於某個參數值就空單進場，以歷史資料統計最近五年區間，作多之RSI參數為70，同時D值要在50以下出現黃金交叉，以上三條件都符合才會啟動多方訊號；作空之RSI參數為30，同時D值要在40以上出現死亡交叉，以上三條件都符合才會啟動空

方訊號,而不論作多或作空,停損統一設為進場價之2%。績效圖如圖4-50所示,勝率明顯可拉高至40%以上了,雖然2009年至2010年出現績效停滯之現象,不過如2008年或2011年波動變大時,交易績效明顯可以大幅提升。

▼ 圖4-50小S&P期貨波段策略績效圖

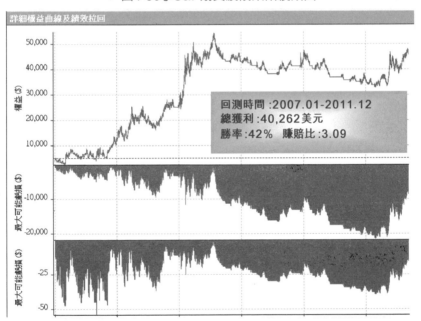

回測時間:2007.01-2011.12
總獲利:40,262美元
勝率:42% 賺賠比:3.09

(4)國外重要期貨介紹-輕原油(CL)【能源類期貨】

表4-16 輕原油期貨契約規格與保證金

商品(代號)	CL
合約規格	1000桶
最小跳動點	0.01點=10美元
合約月份	1至12月
漲跌限制	無
交易時間	0600-次日0515
原始保證金	7,560
維持保證金	5,600

　　CME交易所的輕原油期貨，在國人喜愛交易的外期商品中排名第四位，由於其趨勢較爲明確，多方或空方勢經常一波走到完，對於當沖或波段策略都有較爲穩定的績效表現。原油期貨類商品難免與基本分析有關，如之前若中東地區發生戰爭、美國煉油廠沿海地區遭颶風侵襲等，都會對期貨價格波動產生影響，原則上輕原油期貨仍是以追高殺低的交易原則較易獲利，至少當大行情出現時，勢必會出現交易訊號！

【輕原油期貨當沖策略-KD當沖法(五分線)】

　　將輕原油期貨套上五分KD當沖操作策略，程式邏輯如前幾段所述，當KD指標的K值與D值都在高檔且死亡交叉時就作多；K值與D值都在低檔且黃金交叉時就放空，並加上停損與停利。長期回測績效圖形如圖4-51所示，總獲利近十三萬美元，維持大賺小賠之交易績效並不困難，算是相當有趨勢的期貨商品！對於想要分散交

易風險的期市投資人，為一可深入探究之標的！

▼ 圖4-51輕原油期貨波段策略績效圖

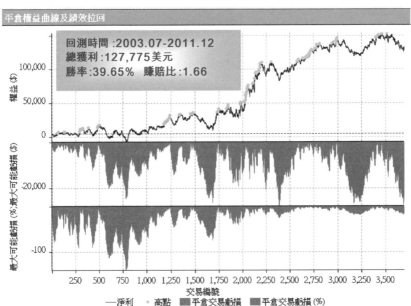

【輕原油期貨波段策略-KD(三十分線)】

　　將輕原油期貨時間週期改為三十分線，並運用之前用過的KD
指標來思考，作多條件為當K值與D值黃金交叉時且D值高於某一個
多方基準線就多單進場；反之，當K值與D值死亡交叉時且D值低於
某一個空方基準線就空單進場，如圖4-52，自2007.01月以來，測得
之最佳參數分別為90(多方基準線)與10(空方基準線)，在2011.12.19
出現KD黃金交叉且D值升到90以上，因此可作多一口輕原油期貨在

93.77的價位，直到2011.12.21價格已來到98.04，以每0.01點10美元看來，此筆輕原油多單未平倉獲利為4,270美元。至於長期回測績效，如圖4-53，五年多來已可獲利美金16萬元以上(換算台幣約480萬元)，可見輕原油期貨獲利潛力為驚人！

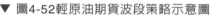

▼ 圖4-52輕原油期貨波段策略示意圖

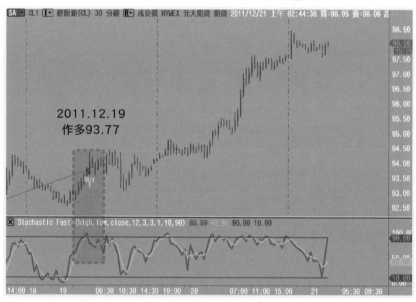

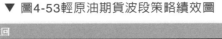

▼ 圖4-53輕原油期貨波段策略績效圖

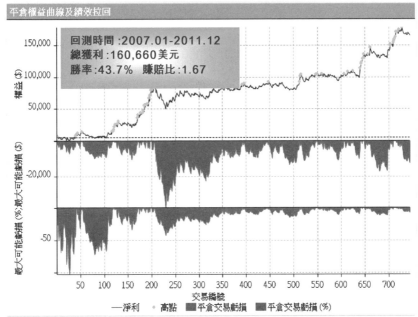

(5)國外重要期貨介紹-澳幣(AD) 【外匯類期貨】

表4-17 澳幣期貨契約規格與保證金

商品(代號)	AD
合約規格	100,000澳幣
最小跳動點	0.0001點=10美元
合約月份	3、6、9、12
漲跌限制	無
交易時間	0600-次日0500
原始保證金	4,320
維持保證金	3,200

　　CME澳幣期貨於1987正式掛牌上市，澳幣期貨提供了公司法人及個人投資戶針對澳幣匯率進行避險或投機的工具與管道，近年來由於Carry Trade(以低利率貨幣貸入資金，再轉存高利率貨幣或投資高利率貨幣資產)的盛行與近年來全球金融市場的劇烈波動，連帶使得澳幣的波動亦加劇不少，而影響澳幣期貨價格因素除了一般影響外匯的基本因素之外，最重要的還是Carry Trade，由於日本政府長期維持低利率政策，與澳幣利率相差約有4%以上，因此借日幣投資澳幣資產是Carry Trade盛行的方式之一；而當日本利率政策或是日幣出現變化時，或是Carry Trade所投資的金融市場面臨跌價風險時，Carry Trade便出現回補壓力，造成資金大幅撤出，連帶使澳幣面臨激烈的貶值。

【澳幣期貨當沖範例-LWBO當沖法(五分線)】

　　不過我們交易獲利的核心精神在價格分析，本段先不對基本分析作研判，我們以之前用過的LWBO當沖策略套入澳幣期貨，總獲利金額27,000美元表現並不突出，但近五年沒有虧損過，原則上還是有獲利潛力。策略最大虧損偏高，達到7,000美元以上，若要按此策略操作，最好多準備些原始保證金！

▼ 圖4-54澳幣期貨當沖策略績效圖

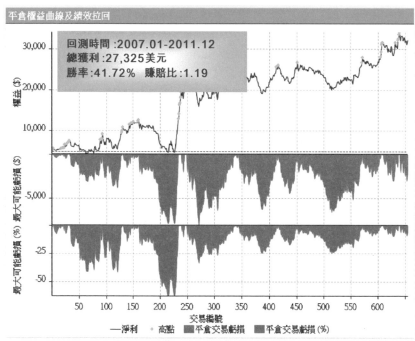

【澳幣期貨波段範例-凱勒通道(三十分線)】

　　將波段留倉凱勒通道策略套入澳幣期貨，參數最佳化之後結果分別爲買進時，均線爲MA35、ATR參數爲3倍；賣出時，均線爲MA15、ATR參數亦爲3倍，停損設定爲進場價之0.5%。不論買進或賣出，通道的上下緣還是相當寬，在波動大的年度如2008年與2011年表現優異，在盤整格局較多的2010年仍能維持小賺局面，原則上是靠著極高的賺賠比獲利！

▼ 圖4-55澳幣期貨波段策略績效圖

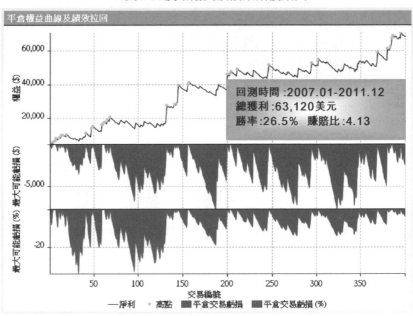

回測時間 :2007.01-2011.12
總獲利 :63,120美元
勝率 :26.5%　賺賠比 :4.13

【澳幣期貨波段策略範例-KD(三十分線)】

　　將之前用過的KD指標套入澳幣期貨，作多條件為當K值與D值黃金交叉時且D值高於某一個多方基準線就多單進場；反之，當K值與D值死亡交叉時且D值低於某一個空方基準線就空單進場，自2007.01月以來，測得之最佳參數分別為90(多方基準線)與5(空方基準線)，長期回測績效，如圖4-56，五年來獲利總金額為美金8萬元以上，不過本策略在2008年時曾出現虧損2,000多美元，還是建議交易者將資金分散至多元策略當中！

▼ 圖4-56澳幣期貨波段策略績效圖

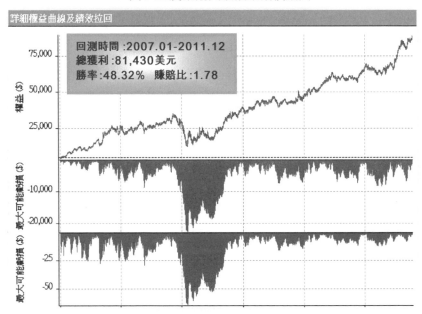

(6)國外重要期貨介紹-小道瓊(YM)【指數類期貨】

表4-18 小道瓊期貨契約規格與保證金

商品(代號)	YM
合約規格	YM指數*5美元
最小跳動點	1點=10美元
合約月份	3、6、9、12
漲跌限制	每季修正公告
交易時間	星期一：0600-次日0415 星期二至五：0430-次日0415 (0530-0600暫停交易) 最後交易日：21：30收盤
原始保證金	4,375
維持保證金	3,500

　　道瓊指數在國內主要有二種契約規格，大道瓊每一跳動點為美金10元、小道瓊為美金5元，國人普遍較為喜愛小道瓊指數之契約規格，在國外期貨成交量佔比中排行第六。道瓊工業平均指數（Dow Jones Industrial Average，DJIA）是由華爾街日報和道瓊公司創建者查爾斯·道創造的幾種股票市場指數之一。他把這個指數作為測量美國股票市場上工業構成的發展，是最悠久的美國市場指數之一。道瓊指數之於道瓊期貨就類似台灣市場中的加權指數與台指期之關係。從成份股組成數量來分析，道瓊指數僅有三十家，產業含括金融、石化、零售等，相較S&P指數由五百檔股票組成來說，道瓊期指震盪幅度應該較為安定，也就是盤中收上、下影線機率會較S&P指數為低。

【小道瓊期貨當沖範例-LWBO當沖法(五分線)】

　　我們以之前曾用在澳幣期貨當沖的LWBO策略套入小道瓊期貨，總獲利金額約32,000美元，獲利集中在2007年至2009年，近五年中只有2010出現虧損。不過與澳幣當沖策略相似，策略的最大虧損偏高，達到9,000美元以上，還是要以較多保證金交易一口較佳，基本上五年多獲利約100萬台幣，與一般台指期的當沖策略績效類似，也說明台灣加權指數與道瓊指數連動性仍是相當高！

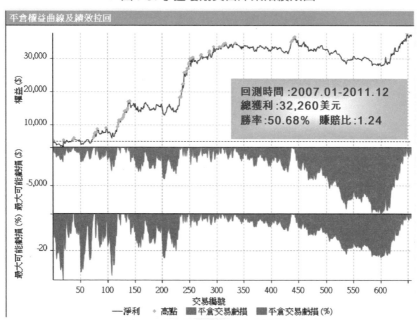

▼ 圖4-57小道瓊期貨當沖策略績效圖

回測時間:2007.01-2011.12
總獲利:32,260美元
勝率:50.68% 賺賠比:1.24

【小道瓊期貨波段範例-凱勒通道(三十分線)】

感覺上道瓊期指波段單應較S&P期指容易獲利些,但是否真的如此?我們將小道瓊期貨K棒之時間週期改為三十分線,並將凱勒通道策略套入小道瓊期貨,參數最佳化之後結果分別為買進時,均線為MA50、上通道之ATR參數為1.5倍;賣出時,均線為MA35、ATR參數為2.5倍,停損設定為進場價之2%。績效表現如圖4-58,仍可長期維持賺大賠小格局,基本上,與S&P指數相較之下仍不算是難交易之期指商品。

▼ 圖4-58小道瓊期貨波段策略績效圖

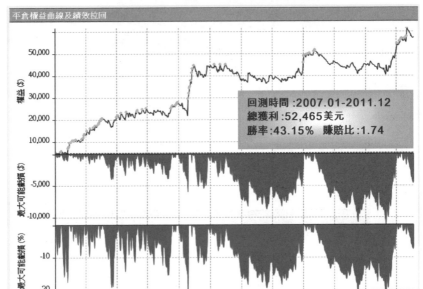

平倉權益曲線及績效拉回

回測時間:2007.01-2011.12
總獲利:52,465美元
勝率:43.15%　賺賠比:1.74

(7)國外重要期貨介紹-黃金(GC)【貴金屬類期貨】

表4-19 黃金期貨契約規格與保證金

商品(代號)	GC
合約規格	100盎斯
最小跳動點	0.1美元/盎斯=1美元
合約月份	2、4、6、8、10、12
漲跌限制	依交易所公告
交易時間	0600-次日0515
原始保證金	11,475
維持保證金	8,500

　　黃金相關商品一向爲亞洲民衆所喜愛，目前全球有12個黃金期貨市場和8個現貨市場，可以24小時進行交易，全球黃金價格的指標市場有倫敦、蘇黎世、紐約和香港四個交易所。而期貨市場規模則首推紐約商品交易所（COMEX後與CME合併），東京工業品交易所(TOCOM)居次。從黃金期貨商品的供需狀況來分析，黃金的需求以首飾及工業界（國防、太空）所佔的比例最大，另外尚有金幣的鑄造和其它儲存性質的用途。同時，金銀等金屬需求也和各國的貨幣政策有關。原則上黃金期貨看來似乎長期走多，但震盪難免，我們以最簡單的價格因素切入黃金期貨之操作策略，示範當沖與波段策略如下：

【黃金期貨當沖範例-KD當沖法(五分線)】

　　將黃金期貨套上五分KD當沖操作策略，程式邏輯如前幾段所述，當KD指標的K值與D值都在高檔且死亡交叉時就作多；K值與D值都在低檔且黃金交叉時就放空，並加上停損與停利。長期回測績效圖形如圖4-59所示，總獲利約47,000美元，多數投資人都認爲金價近年節節高升，在交易上是否只作多不作空較好？以本當沖策略爲例，多單獲利24,780美元、空單獲利爲22,670美元，其實多空表現相當均衡，若投資人只作多，將平白損失空單可獲利的2萬多美元。常會有說明會上的投資人詢問，如何判斷現在是否爲盤整盤？非盤整盤他才要進場，道理與其類似，在交易時預設立場通常不是一件好事，是不會對交易的績效帶來太多幫助的！

▼ 圖4-59黃金期貨當沖策略績效圖

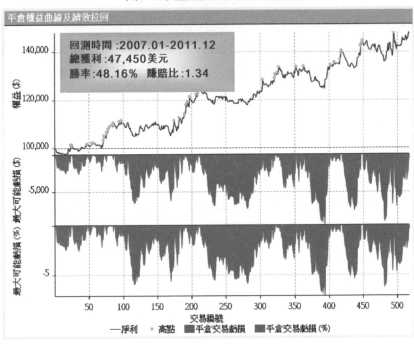

【黃金期貨波段策略範例-KD(三十分線)】

　　將KD三十分波段策略套入黃金期貨，作多條件為當K值與D值黃金交叉時且D值高於某一個多方基準線就多單進場；反之，當K值與D值死亡交叉時且D值低於某一個空方基準線就空單進場，自2007.01月以來，測得之最佳參數分別為60(多方基準線)與5(空方基準線)，長期回測績效，如圖4-60，五年來獲利總金額為美金10萬元以上，不過要注意的是2011年底有績效壓回跡象，整體而言，五年多來績效表現仍不差，但從獲利的結構分析看來，作多的獲利

為111,950美元；作空甚至還虧損了3,720美元，可見近五年來黃金
走的是大多頭無誤，但在前一段當沖策略中我們卻看到多單與空單
獲利比例均等，因此我們還是建議不預設立場，因為市場永遠是對
的，跟著它的趨勢才會得到豐碩的收獲！

▼ 圖4-60黃金期貨波段策略績效圖

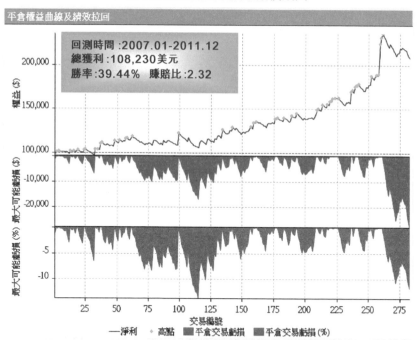

(8)國外重要期貨介紹-英鎊(BP)【外匯類期貨】

表4-20 英鎊期貨契約規格與保證金

商品(代號)	BP
合約規格	62,500英鎊
最小跳動點	0.0001點=6.25美元
合約月份	3、6、9、12
漲跌限制	無
交易時間	0600-次日0500
原始保證金	2,025
維持保證金	1,500

　　英鎊期貨亦為國人常著墨之國外期貨商品之一，與歐元、澳幣並列三大外匯期貨商品。英國自古以來為一陸島國，經濟重心主要為對外貿易，但二次戰後國力明顯開始走下坡，加上歐元區逐漸強大，英鎊的影響力也大不如前。不過英鎊期貨通常被用來作為與其他貨幣作為價差交易之標的，以下我們示範一種常見之英鎊波段策略的交易方式。

【英鎊期貨波段範例-凱勒通道(三十分)】

　　首先測試英鎊期貨三十分線波段策略，將凱勒通道策略套入英鎊期貨，參數最佳化之後結果分別為買進時，均線為MA20、上通道之ATR參數為5倍；賣出時，均線為MA50、ATR參數為5倍，停損設定為進場價之1.5%。績效表現如圖4-61，測出最佳化之ATR參數為5，表示不論是買進或賣出的上下軌道距中間線都很寬，交易次數勢必也會較少，總績效約為45,000美元左右，五年只交易六十九

次，操作難度較歐元期貨及澳幣期貨更高一些！

▼ 圖4-61英鎊期貨波段策略績效圖

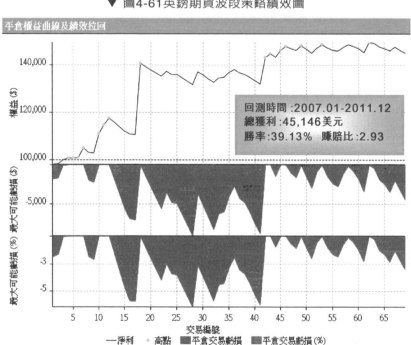

回測時間:2007.01-2011.12
總獲利:45,146美元
勝率:39.13%　賺賠比:2.93

以上提出八大項國人常交易之國外期貨商品，目的為使交易人能夠對國外期貨商品不再感到那麼陌生難懂，原則上交易國外期貨重視的是資訊報價源的穩定，因此還是建議交易者還是要尋找較為穩定的期貨商開戶下單。過去大家的眼光都只關切台灣市場的期貨商品，標的太少的結果就是當如果這些期貨商品不走趨勢盤了，則交易績效一定會大打折扣，若能放眼全球期市，將自己的交易模組作到分散、多元、低相關，則離期貨贏家的作法就越來越近。

如圖4-62為CTA期信基金核心價值示意圖，CTA期信基金(CTA-Commodity Trading Advisors-商品交易顧問)，大部分是以全權委託模式為機構法人和高資產客戶服務，在歐洲稱為管理期貨(Managed Futures)。多數美國退休基金投資於管理期貨計畫，數十年來，管理期貨一直是各知名大學投資組合中的永久性標的。CTA之所以為法人投資機構所接受，主要就是因為其可多空雙向操作，一般的股票型或債券型基金都只能作多或多單減碼，在空頭市場中一定會顯得捉襟見肘，績效會普遍表現不佳，而多空雙向操作搭配分散操作標的，長期下來我們就可以模擬出一套類似CTA的穩定獲利模組！比起單一市場的操作模式一定會有較為穩定的績效曲線。

▼ 圖4-62 CTA期信基金核心價值示意圖

第**5**章

淺談選擇權運用

一、選擇權中性策略的互補理論

1.什麼是中性策略？

　　德國股神科斯托蘭尼曾對行情提出了一項重要的看法，那就是大盤真正有行情波動的時間只占整體時間之30％，剩下70％的時間幾乎都在走盤整格局。期貨交易者最喜歡的盤一定是大漲大跌，就像2000年的科技泡沫或2008年金融海嘯的重挫，單方向的期貨投資人一定獲利滿滿，但若遇到像2004至2005年時的蟹行橫盤格局，交易能夠維持小賺小賠就很不錯了！既然有70％的時間不適合持有單方向的期貨部位，有沒有什麼方法可以在盤整盤來臨時也能獲利，進而為因盤整而虧損的期貨部位增添一些大補丸。

　　如圖5-1為國人較常操作之三種金融商品，股票幾乎90％以上客戶都曾買過，擁有「套房」的比例也偏高，股票商品在大漲時買進準沒錯，大跌時若有信用交易資格的客戶還可加以券賣放空獲利；期貨其實也類似，大漲或大跌賺錢的機率就高，但二者共通點就是當遇到盤整盤時，應該都無技可施！但選擇權不同，在圖中我們看到SC與SP策略，其實就是賣出買權(SELL CALL)與賣出賣權(SELL PUT)的縮寫，SELL CALL策略最愛用的就是期貨自營商，以2008年金融海嘯來說，幾乎每一家期貨公司自營部都是穩定獲利的，靠著就是大量SELL CALL來賺取買權歸零的權利金。不過若是單純留SELL CALL或是SELL PUT部位過夜，風險都相當大，最好在更價外區域買進選擇權組成價差部位較為安全！

▼ 圖5-1 股票、期貨、選擇權比較圖

	漲	跌	盤整
股票	買進	券空	無
期貨	作多	作空	無
選擇權	BC SP	BP SC	SC SP

　　選擇權中性策略部位其實就是指權利金為淨收入的那一方，簡單的說買方希望權利金越大越好，賣方則希望最好所有的選擇權都歸零，買方平均勝率為20％至30％不等；賣方勝率則在70％至80％，剛接觸選擇權市場投資人普遍會作買方，賣方則為中實大戶或自營商較為喜愛操作。以圖5-2為例，為近三個月臺指期日線圖，A點處為十月契約結算價位，約在7330附近，而B點處為次月結算價，價格變化到7397，整整一個月價格只變動了67點，也就代表當月若有買進選擇權的投資人應該都討不到太大便宜，反之就是賣方豐收的一個月份。

▼ 圖5-2 台指期貨日線圖

正因選擇權賣方有這種盤整也會賺錢的好處,所以在極度盤整盤時通常會與期貨操作有很好的互補效果,圖5-3為大盤簡單的五種盤態劃分,分為大漲、小漲、大跌、小跌與盤整,以2008年金融海嘯當年來說,期貨的方向單應該會大賺,選擇權的中立策略可能會大賠(或小賠),兩者相加就是持平(或小賺),但若遇到如同圖5-2這樣的橫盤,期貨應該會大賠(或小賠),選擇權中立策略則會大賺,原則上將資金分散到期貨與選擇權操作上,風險一定會較操作單一種類商品為更佳,也是市場中頗為流行的操作方法。

▼ 圖5-3 綜合策略運用比較圖

	盤整	大漲	小漲	大跌	小跌
趨勢 單	小賠 (大賠)	大賺	小賺	大賺	小賺
中性 部位	大賺	小賠 (大賠)	小賺	小賠 (大賠)	小賺
整體 績效	小賺 (持平)	小賺 (持平)	大賺 (小賺)	小賺 (持平)	大賺 (小賺)

▼ 圖5-4 選擇權未平倉量籌碼圖

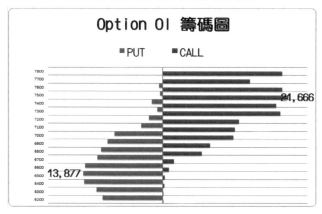

2.中性策略的布建方法

　　至於中性策略如何建構？在此簡單為讀者示範，圖5-4為 2011.12.26當日盤中所呈現之選擇權籌碼分佈狀況，買權未平倉量 最大序列為7500點的21,666口；賣權則為6500點的13,877口，我

們解讀未平倉量堆積的狀況通常以賣方大戶的角度來解讀，買權的7500點即為大盤近期壓力之所在，表示主力在7500點賣出大量買權，而賣出買權的惡夢就是大盤指數超過7500點，因此若短線7500的最大量不改變，盤勢都會被壓在7500點以下作震盪；反之，賣權的6500點即為大盤近期支撐價位，表示主力在6500點賣出大量賣權，而賣出賣權最害怕大盤指數跌破6500點，因此若短線6500的最大量不改變，此區就是多方的最後防守點。當然，最大的未平倉量價區還是有可能突然就被穿破，這時單純留sell call或sell put留倉過夜的投資人就得面臨一場災難！所以我們強烈建議賣方部位過大的投資人，風險意識要放在第一位，一次大賠可能會將之前連賺十個月的獲利全數吐出。

既然賣方風險如此之大，中性策略該如何布建？曾經交易過選擇權的投資人應該都聽過「兀鷹價差」，有些投顧業者會將其包裝成「鐵兀鷹」、「金鷹」等各式各樣的花俏名稱，其實簡單的說就是賣權多頭價差與買權空頭價差的組合罷了。以上一段例子來說，如圖5-5所示，若壓力區在7500點，我們就會以一組買權空頭價差將壓力點包起來，即買進7600CALL加上賣出7400CALL；反之若支撐區在6500點，我們就會以一組賣權多頭價差將支撐點包起來，即買進6400PUT加上賣出6600PUT。透過四隻腳的組合，權利金為淨收入54.5點(買方支付26+30=56點、賣方收入47.5+63=110.5點，權利金淨收付為110.5-56=54.5點)。

　　聰明的讀者應該已經看到兀鷹價差的優點了，我們看一下這個策略的損平點，分別為6545.5與7454.5，以2011.12.26盤中期貨價格7097為例，最後結算價若超過7454.5或跌破6545.5都會虧損，反之若價格在這九百點當中震盪橫盤，則越靠近結算日，權利金會逐漸消逝。自營商之所以這麼喜歡從事賣方操作，主要即因交易者可以自己決定風險與利潤，若將損平點拉的更價外，則勝率勢必更高，但權利金收入一定會減少；反之若要收取較多的權利金，損平點就會越靠近價平區域，被穿過的機率亦會相當大！

▼ 圖5-5 兀鷹價差策略示意圖

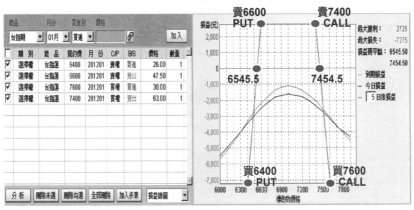

　　除了以選擇權最大未平倉量序列決定支撐與壓力的價位之外，另有一方法提供給讀者參考，如圖5-6為選擇權敏感度分析圖，以8700點買權delta為0.2077為例，表示若某人持有一口8700買權買方部位，若次日大盤上漲一百點，　某人應該就至少會有20點以上的獲

利，除了計算選擇權與大盤連動比例，delta的另一個意義則為該選擇權會變成價內的機率，因此圖5-6中，8700買權會成為價內的機率即為20.77%，從賣權切入，8000點賣權會成為價內的機率則為18.56%，簡單的說，若我們在每個月去找到delta最靠近20%的買權與賣權來賣出，則我們任何一邊的勝率就可以控制在八成附近，長期下來會有較佳的交易效果。

▼ 圖5-6 選擇權敏感度分析圖

| 買權 | | | | | | 賣權 | | | | |
Gamma	Delta	偏離度	理論價	成交價	履約價	成交價	理論價	偏離度	Delta	Gamma
0.0000	+0.9996	-5.4	1245.4	1240.0	7100	86.0	0	0	-0.0004	0.0000
0.0000	+0.9988	+4.3	1145.7	1150.0	7200	104.0	0.1	+103.9	-0.0011	0.0000
0.0000	+0.9971	+23.8	1046.2	1070.0	7300	114.0	0.3	+113.7	-0.0028	0.0000
0.0000	+0.9935	+142.9	947.1	1090.0	7400	142.0	0.8	+141.2	-0.0065	0.0000
+0.0001	+0.9864	+56.6	848.4	905.0	7500	152.0	1.9	+150.1	-0.0136	+0.0001
+0.0001	+0.9737	+74.1	750.9	825.0	7600	183.0	4.1	+178.9	-0.0262	+0.0001
+0.0002	+0.9528	+99.8	655.2	755.0	7700	210.0	8.1	+201.9	-0.0472	+0.0002
+0.0004	+0.9207	+117.7	562.3	680.0	7800	253.0	14.9	+238.1	-0.0793	+0.0004
+0.0005	+0.8750	+141.5	473.5	615.0	7900	270.0	25.9	+244.1	-0.1250	+0.0005
+0.0007	+0.8144	+209.6	390.4	600.0	8000	318.0	42.4	+275.6	-0.1856	+0.0007
+0.0008	+0.7393	+225.7	314.3	540.0	8100	342.0	66.0	+276.0	-0.2607	+0.0008
+0.0009	+0.6522	+228.5	246.5	475.0	8200	394.0	98.0	+296.0	-0.3478	+0.0009
+0.0010	+0.5574	+257.9	188.1	446.0	8300	423.0	139.3	+283.7	-0.4426	+0.0010
+0.0010	+0.4603	+257.7	139.3	397.0	8400	452.0	190.2	+261.8	-0.5396	+0.0010
+0.0009	+0.3667	+235.0	100.0	335.0	8500	505.0	250.6	+254.4	-0.6333	+0.0009
+0.0008	+0.2813	+240.5	69.5	310.0	8600	545.0	319.9	+225.1	-0.7186	+0.0008
+0.0007	+0.2077	+218.2	46.8	265.0	8700	600.0	396.8	+203.2	-0.7922	+0.0007
+0.0006	+0.1475	+204.6	30.4	235.0	8800	725.0	480.2	+244.8	-0.8524	+0.0006
+0.0004	+0.1008	+177.9	19.1	197.0	8900	795.0	568.6	+226.4	-0.8992	+0.0004

二、選擇權要作買方還是賣方？

　　圖5-7為選擇權簡單的策略總覽圖，由最簡單的A(BUY CALL)、B(BUY PUT)、C(SELL CALL)、D(SELL PUT)基本四式所組成。上一段提到的兀鷹價差(PUT多頭價差+CALL空頭價差)，即為一組A加C與一組B加D所合成。基本四式可進一步衍生出千變萬化的交易策略，不過常用的應該只有圖中六大組合策略，如2012.01.14將舉行總統大選，按照往例，將會有大量的投資人開始BUY CALL與BUY PUT包牌(A+B)，合成出來即為第六種組合單。

▼ 圖5-7 選擇權策略總覽圖

選擇權策略	CALL	PUT	組合部位
買進	(A) 買進CALL 看多	(B) 買進PUT 看空	6 (A)+(B) 跨式、勒式 買方賺大行情
賣出	(C) 賣出CALL 上有壓力	(D) 賣出PUT 下有支撐	5 (C)+(D) 跨式、勒式 賣方賺權利金
1 (B)+(C) 轉換組合 放空小台指	2 (A)+(C) 買權價差 多方賺區間差 空方賺權利金	3 (B)+(D) 賣權價差 空方賺區間差 多方賺權利金	4 (A)+(D) 逆轉組合 作多小台指

　　買方策略長期交易勝率不高眾所皆之，但由於其損失有限，又可以小錢博大利，有時抓到一次大行情可能可以彌補過去連賠數次之虧損，建議初接觸市場之投資人還是以買方策略開始較佳。至

於買方進場時機有以下幾個，首先為波動率較低時，作買方勝算較高，但波動率升到多少叫作高？如圖5-8，為2011年08月初以來波動率圖，紫色線段為VIX指數，可以將其視作選擇權的隱含波動率，綠色線段為歷史波動率，為一年化且較為穩定的波動指數，另外藍線為加權指數，我們將三者放在一起分析，約略可以觀察到幾點有趣之現象，圖中A及B點處都是VIX高過歷史波動率甚多之時間週期，顯示散戶幾乎一面倒的買進選擇權，而加權指數當時都是在重挫，合理推估散戶應該在大量BUY PUT，有句諺語說:人多的地方不要去，如果全市場的人都在看空，表示底部勢必已逐漸成形，後面再跳進去BUY PUT，就像將錢往水中丟一樣。

▼ 圖5-8 選擇權波動率統計圖

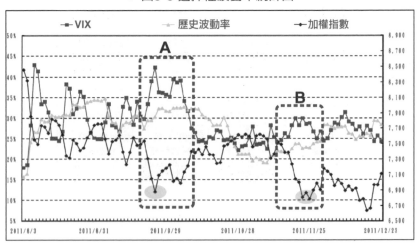

波動率偏高作買方失敗的例子多不勝數，如2008年總統大選，

選前不論買權或賣權波動率都飆升至40%左右，當時在選後統計買方績效時，大多數散戶多半以損失權利金收場，因此買方第一個要遵守之法則就是要在低波動率時進場，只要VIX比歷史波動率還要低，買到之選擇權商品就沒有被高估之問題。

買方第二個要注意的就是部位的進場日是合約開始的第幾天？圖5-9為每月價外選擇權的生命週期圖，在前二周(合約初期)由於還有時間價值可以耗，買方客戶就算作錯邊時，虧損的權利金也不會太多，關鍵點在從第二周進入第三周之後，若買進的價外選擇權還沒有變成價內或價平，則時間價值會像重力加速度一樣向下急墜，對買方就會越來越不利。

▼ 圖5-9 選擇權生命週期圖

第三個重點是未平倉量多寡，期貨市場的未平倉量越多，表示鍋爐中的燃料越多，後續大爆炸的機率就高，所謂的大爆炸就是大

漲大跌之意，就像某檔股票的融資使用率若越高，後續波動程度也會越高一樣。以台指期為例，正常的未平倉量約在五萬至六萬口左右，若簡單抓個異常值20％，也就是當未平倉水位來到七萬二千口附近時，後市可能都不會太寂寞。至於摩台指的未平倉量，正常值約在十八萬口至二十萬口左右，過去幾次股災時，外資都會在摩台市場布下大量避險空單，所以若下次我們看到摩台指未平倉水位大漲至二十多萬口之上，或許就是最好的選擇權包牌時機。

總結買方要關注的三件事，波動率、進場日與未平倉量，當然最重要的還是交易者對風險的管控程度，若對部位調整的風控步驟感到困難，建議還是單純作買方就好，只是千萬要記得停損與停利，別把選擇權當樂透彩來玩！

買方的相對方就是賣方，賣方一樣要注意三件事，波動率要高、進場日要晚、未平倉水位要少，更重要的是賣方獲利有限、風險無限，較適合風控作得較佳之投資人操作。若以技術指標的角度切入，若要觀察某個標的目前波動夠不夠大，可先看ADX指標的讀數，通常在二十五以上為波動偏高，定義為有行情的格局，如圖5-10，從A點到B點，綠色的ADX線段都在二十五以上，代表台指期在這一段區間當中偏向震盪劇烈格局，在選擇權的交易策略上就較適合買方操作，至於是要BUY CALL或是BUY PUT，簡單可以DMI指標中+DI與-DI的相對位置來分析。另從圖中的B點到C點，ADX一路壓在二十五之下，選擇權就要以賣方操作較為穩當。

▼ 圖5-10台指期日線圖

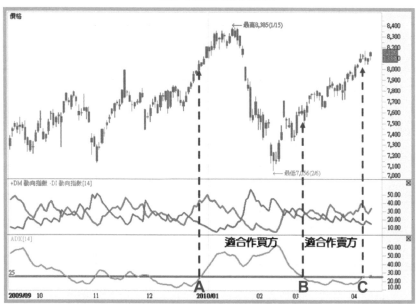

另一個技術指標亦常用來判斷目前選擇權商品適合作買方或賣方，如圖5-11為2010年04月8000買權十五分鐘線之日平均圖，04.16開盤後，價格跌到雲層下方且轉換線與樞紐線死亡交叉，以上兩條件成立，因此符合空單進場條件，積極的交易者可進場SELL CALL在125，直到04.21兩線在雲下黃金交叉，則SELL CALL空單可回補在18，短短四個交易日報酬率近三成！

▼ 圖5-11選擇權日平均圖(2010.04月8000買權)

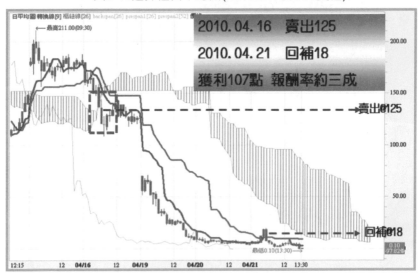

▼ 圖5-12選擇權日平均圖(2008.02月7000賣權)

又如圖5-12為2008年02月7000賣權，從02.11起該商品價格即跌破雲層(當時價格為255以上)，直到三月上旬都沒有再回到雲端上過，也就表示近一個月若有BUY PUT的交易者應都是大賠出場。又如圖5-13，為2012年01月7000點的買權十五分線圖，12.21出現第一次買點(雲層上方的黃金交叉)在139，隔日平倉在177(雲層上方的死亡交叉)；第二次買點則在12.23的218(雲層上方又出現黃金交叉)，隔日平倉在238(雲層上方的死亡交叉)，簡單四個交易日獲利約58點，當然這種交易模式還是最害怕盤整盤時的上下洗刷，不過當大行情來臨時，在倉部位一定會站在對的一邊。

▼ 圖5-13選擇權日平均圖(2012.01月7000買權)

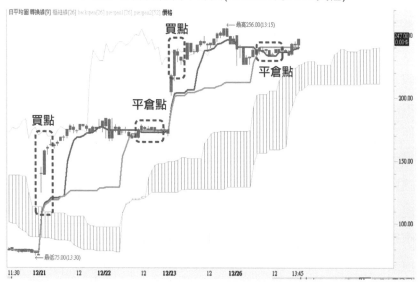

三、選擇權的買方策略

選擇權作買方不能當作股票來買進，一般散戶作現股會買進、攤平、等解套，但這招用在選擇權卻會完全失靈。主因選擇權每月結算，沒有太多時間讓持有買進部位者解套，因此作買方獲利的核心就在大賺小賠，行情很大時大賺一筆，盤整或是作錯邊時就小賠出場。這道理聽來很簡單，為什麼大多數散戶還是虧損？關鍵還是在紀律，散戶不喜歡停損，只要一停損就是認輸出場，撐著或許還有解套甚至獲利之機會。

我們以下簡單介紹幾種可以用在買方的選擇權交易策略，使投資人進出可以較有準則，不至於讓權利金消耗殆盡，最後落得一場空。以圖5-14為例，圖中的藍色虛線為一條3-6乖離線，計算公式為三天前收盤價乘上2再減去六天前收盤價，多空判讀方法為當K棒突破乖離線向上則格局轉多，操作上就要偏多操作；反之若K棒跌破乖離線則格局轉空，操作上就要偏空操作，從圖中幾個買賣點看來，第一次的作多價在157點、反手空在143，虧損14點；第二筆作空在143、作多在192，還是虧損49點，很明顯這一段時間行情橫盤，因此虧損是很正常的，但至少有一條基線讓投資人遵循，可讓買方的權利金免於歸零的命運。第三筆交易開始，大行情終於出現，按照此方式可作多在192、作空在334，獲利142點，已將之前兩筆虧損的交易彌平。另外，以下我們再介紹幾種常見的買方操作模式。

▼ 圖5-14選擇權日線圖(2011.05 8600買權)

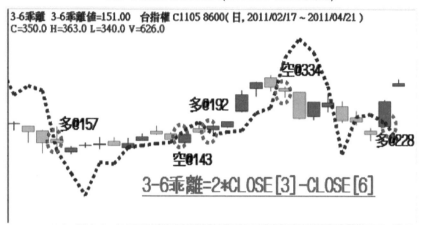

3-6乖離 3-6乖離值=151.00 台指權 C1105 8600(日, 2011/02/17 ~ 2011/04/21)
C=350.0 H=363.0 L=340.0 V=626.0

多0157

空0143

多0192

空0334

多0228

3-6乖離=2*CLOSE[3]-CLOSE[6]

▼ 圖5-15選擇權十五分線圖(2012.01月 6600賣權)

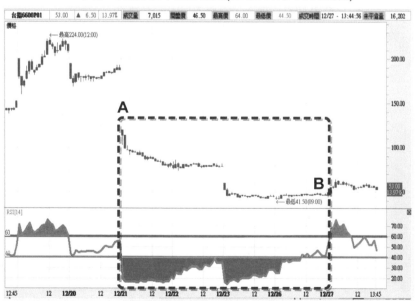

1.RSI Cardwell通道

　　之前在期貨篇幅中曾介紹過的RSI通道策略，用在選擇權上一樣會有賺大賠小的交易效果，如圖5-15為2012年01月6600賣權十五分線圖，將RSI指標設定為六十以上出現作多的紅色色塊，四十以下則出現作空的藍色色塊，12.21一開盤由於大盤跳空大漲，賣權呈現跳空下跌趨勢，由於RSI攟破四十向下走，積極操作者應可在120的價位進場SELL PUT，直到12.27時RSI突破六十向上，SELL PUT可回補在55點。簡而言之，在圖中從A點到B點，都廣泛的定義為此商品的空頭走勢，在操作上就只能空不能多，若硬要作多只有吃鱉的份，時間一拖長對買方只會越來越不利！

▼ 圖5-16選擇權十五分線圖(2012.01月 6700買權)

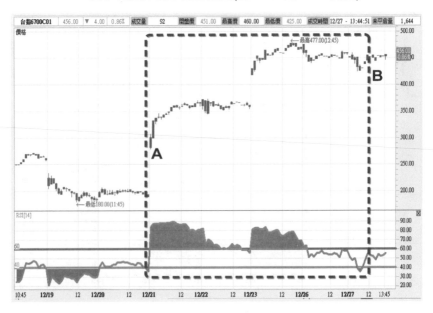

又如圖5-16，為同一時間的買權十五分線圖，一樣將RSI指標設定好，12.21第一根十五分K線收盤後，RSI指標確定站上六十以上，可在次一根開盤價買進，價位約為300點(圖5-16之A點處)，直至12.27轉空在434點(圖5-16之B點處)，單筆交易獲利為134點，報酬率達到44.67%，若以股票操作來換算，要好幾支漲停板才會有類似的交易效果。

2.外資籌碼買進法

散戶作買方獲利率不高，但若我們找一個勝率較為穩定的期貨策略跟隨，加上選擇權看對賺得更多、看錯損失較少的商品特性，長久下來其實也會有不錯的交易效果！我們以之前曾研究過的外資部位變化策略為例，當台指期收盤價在十日均線之上且收盤後公布之外資期貨淨部位也正好由負轉正時，即可買進一口價平買權，反之，當台指期收盤價在十日均線之下且收盤後公布之外資期貨淨部位也正好由正轉負，即可買進一口價平賣權來實現看空之獲利，如圖5-17，上方為台指期日線與十日均線位置，下方則為外資淨部位變化，正值為多單、負值為空單，圖中的BC與BP箭頭即為作多與作空訊號發生點，至於按照這樣的策略操作，回測績效會如圖5-18所示，相信會比散戶自己憑感覺作選擇權的買方要有信心多了！

▼ 圖5-17台指期日線與外資部位變化圖

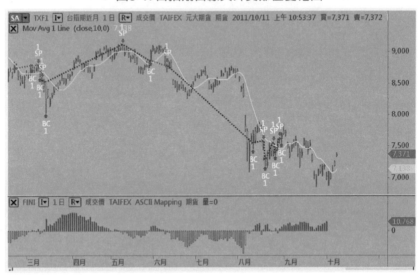

▼ 圖5-18外資部位變化策略績效圖

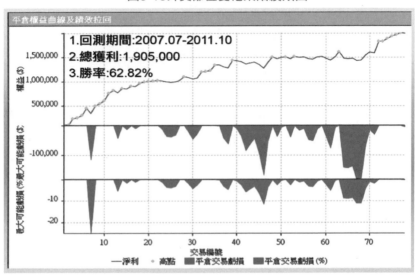

四、選擇權套利方法

　　大盤每隔幾年就會遇到突然的利空衝擊，當指數下跌時，若持有多單的投資人應該都不知所措，空手者也會因為跌深而不敢追空單，只能在場邊看大家演戲。在此教各位一招股災求生術，讓交易人可以在指數出現非理性之波動變化時，產生一些另類思維，進而有機會從中獲取利潤。一般指數若跌3至4%以上，通常就可稱為股災，若接近7%的跌停，則更是幾年才會遇到一次的「綠色奇蹟」。這時可能就會有些無風險的套利機會開始出現，而台指期重挫時只有一種商品會飆漲，那就是PUT，以圖5-19為例，為2008.01.22午盤過後的選擇權報價圖，除了7400至7700的賣權賣出價還有市場報價之外，7800至9200幾乎都已亮燈漲停，提早收工回家，投資人想買也買不到了。

　　在正常的市況之下，利用選擇權合成出來之期貨價格應該都會接近目前的期貨市價，否則就會有套利空間出現，買進買權加賣出賣權等於作多一口小台指；另賣出買權加買進賣權則為作空一口小台指，既然要套利，一定是一買一賣交叉運用所出現的結果。以圖5-19當天股災選擇權報價為例，既然PUT都超漲了，自然會想要去SELL PUT，但股災去SELL PUT就像用手去接落下的尖刀一般，非死即傷。因此我們必需要聯想到，是否可用超漲的PUT來達到降低合成期貨多單持有成本之目的？以圖5-20正常市場報價為例，7000點買權報價為180點、賣權為193點，若以7000的買權與賣權合成之期貨多單成本應為:7000+(180點-193點)=6987，會與當時的

期貨市價相差不遠。

　　以圖5-19為例，若我們當天以7400的買權與賣權合成之期貨多單為:7400+(356點-510點)=7246，而當天台指期跌停價也不過在7543，這就表示若交易者可空在跌停價7543，同時合成多單在7246，就會出現297點的無風險套利空間，為何會如此？就是因為台指期只要一接近跌停價位，全市場就會瘋狂的搶進賣權，一方面是為了避險，另一方面則是積極的追空買盤所致，再來則是賣出賣權的市價停損單，這三個原因會使得全市場都在大搶賣權，而賣權波動率越來越高的結果，會使得無風險套利的空間越來越大。

▼ 圖5-19選擇權T字報價圖(2008.01.22)

2008/01/22		買權(CALL)			台指02月WTXOG8		賣權(PUT)			
買進	賣出	成交	漲跌	總量	履約價	買進	賣出	成交	漲跌	總量
352.00	362.00	356.00	-454.00	4,604	7400	505.00	510.00	510.00	+406.00	62,636
253.00	255.00	254.00	-476.00	1,135	7500	560.00	565.00	560.00	+436.00	13,787
267.00	274.00	270.00	-400.00	2,833		625.00	635.00	625.00	+478.00	9,879
218.00	220.00	217.00	-368.00	2,755	7700	680.00	690.00	690.00	+514.00	6,931
176.00	178.00	177.00	-333.00	4,447	7800	770.00	-	770.00	+563.00	5,760
151.00	153.00	152.00	-293.00	5,516	7900	805.00	-	805.00	+565.00	3,828
122.00	125.00	122.00	-272.00	14,393	8000	845.00	-	845.00	+566.00	3,929
99.00	100.00	102.00	-228.00	12,046	8100	890.00	-	890.00	+567.00	1,937
82.00	83.00	82.00	-203.00	7,600	8200	930.00	-	910.00	+546.00	1,024
58.00	67.00	67.00	-172.00	10,600	8300	1000.00	-	1000.00	+565.00	1,315
53.00	57.00	57.00	-139.00	10,638	8400	1040.00	-	1000.00	+519.00	540
45.00	46.00	46.00	-114.00	13,330	8500	1120.00	-	1120.00	+560.00	181
36.00	38.50	37.00	-94.00	14,236	8600	1200.00	-	1200.00	+565.00	112
30.00	32.00	30.00	-70.00	16,407	8700	1270.00	-	1210.00	+505.00	205
23.00	24.00	24.00	-54.00	8,771	8800	1340.00	-	1340.00	+560.00	56
19.00	19.50	19.00	-42.00	9,260	8900	1420.00	-	1420.00	+560.00	7
15.50	16.00	15.50	-30.50	11,406	9000	1500.00	-	1500.00	+560.00	9
12.00	12.50	12.00	-22.00	6,658	9100	1590.00	-	-	-	0
10.00	11.00	11.00	-12.50	4,339	9200	1680.00	-	-	-	0

▼ 圖5-20選擇權T字報價圖(2012.01.02)

			買　權					履約價				賣　權				
買價	賣價	成交價	漲跌	漲跌幅	成交量	未平倉量	I.V		買價	賣價	成交價	漲跌	漲跌幅	成交量	未平倉量	I.V
530.00	540.00	530.00	▼70.00	11.66%	65	370	35.16	6500	48.50	49.00	49.00	▲7.50	18.07%	5,598	24,457	35.90
450.00	453.00	450.00	▼45.00	9.09%	243	933	33.82	6600	65.00	67.00	66.00	▲9.00	15.78%	5,692	21,465	34.94
372.00	375.00	375.00	▼43.00	10.28%	257	1,728	33.32	6700	87.00	88.00	88.00	▲12.00	15.78%	7,336	19,453	33.94
300.00	303.00	303.00	▼35.00	10.35%	348	6,572	32.60	6800	115.00	116.00	115.00	▲14.00	13.86%	8,285	22,331	32.96
235.00	238.00	235.00	▼34.00	12.59%	850	6,848	31.29	6900	151.00	152.00	151.00	▲20.00	15.26%	3,679	15,460	32.18
180.00	181.00	180.00	▼22.00	10.89%	3,135	12,100	30.64	7000	194.00	196.00	193.00	▲23.00	13.52%	3,533	13,058	31.40
133.00	134.00	133.00	▼23.00	14.74%	6,953	13,449	30.22	7100	246.00	249.00	246.00	▲29.00	13.24%	882	6,671	31.02
95.00	97.00	96.00	▼19.00	16.52%	8,101	20,700	29.94	7200	309.00	312.00	310.00	▲35.00	12.72%	412	3,567	30.46
66.00	67.00	67.00	▼14.00	17.28%	8,577	26,015	29.50	7300	380.00	383.00	385.00	▲44.00	12.90%	135	1,077	30.28
45.00	45.50	44.50	▼11.50	20.53%	8,906	29,586	29.25	7400	458.00	462.00	459.00	▲51.00	12.50%	38	1,441	30.21
29.50	30.00	29.50	▼8.50	22.36%	8,892	32,329	29.07	7500	540.00	550.00	540.00	▲42.00	8.43%	12	289	29.75
17.50	18.00	18.00	▼7.00	28.00%	4,588	26,520	28.73	7600	630.00	635.00	585.00	0.00	0.00%	4	605	27.77
10.50	11.00	10.50	▼5.50	34.37%	5,870	21,064	28.16	7700	720.00	730.00	680.00	▲20.00	3.03%	1	39	30.23
6.00	6.20	6.20	▼3.60	36.73%	6,322	28,840	28.05	7800	815.00	830.00	775.00	▲25.00	3.33%	1	22	31.10
3.40	3.60	3.60	▼2.70	42.85%	6,329	17,124	28.24	7900	915.00	925.00	885.00	▲45.00	5.35%	1	23	33.88
1.90	2.10	2.00	▼1.80	47.36%	3,784	15,628	27.99	8000	1,010.00	1,030.00	980.00	▲45.00	4.81%	3	36	34.07
1.00	1.10	1.10	▼1.20	52.17%	539	6,250	28.10	8100	1,100.00	1,130.00		0.00	0.00%	0	10	0.01
0.60	0.70	0.70	▼0.70	50.00%	642	4,212	28.45	8200	1,200.00	1,230.00	1,160.00	▲40.00	3.57%	1	9	32.41
0.40	0.50	0.40	▼0.50	55.55%	115	1,981	28.45	8300	1,300.00	1,330.00		0.00	0.00%	0	4	0.01
0.20	0.40	0.40	▼0.40	50.00%	1	1,490	29.74	8400	1,400.00	1,430.00		0.00	0.00%	0	0	0.01
0.20	0.40		0.00	0.00%	0	1,761	28.71	8500	1,500.00	1,530.00		0.00	0.00%	0	0	0.01
0.10	0.40		0.00	0.00%	0	912	26.87	8600	1,600.00	1,630.00		0.00	0.00%	0	0	0.01
0.10	0.40	0.20	▲0.10	100.00%	1	923	33.62	8700	1,700.00	1,730.00		0.00	0.00%	0	1	0.01
0.10	0.40		0.00	0.00%	0	2,139	29.69	8800	1,800.00	1,830.00		0.00	0.00%	0	1	0.01

　　通常這樣的情況發生時，時間不會持續太久，同時由於期貨接近跌停板，商品的流動性會有問題，成交難度亦較高，交易順序上應是期貨先成交後再建構選擇權部位較佳。一套完整的套利試算模式會如圖5-21所示，首先為期貨空單成交在7543，再來為買進7500買權在254點、賣出7500賣權在560點，因此合成之期貨多單成本為:7500+(+254點-560點)=7194點。合成圖形在圖5-21左下角，紅線部份為合成之損益，明顯會永遠在零軸之上，獲利則如右下角，參加結算將會有69,800元無風險獲利，(7543-7194)*200=69,800。因此，若下回不小心又遇到大盤重挫，或許可以注意一下相關的套利機會，發發災難財。

▼ 圖5-21選擇權套利操作示意圖(2008.01.22)

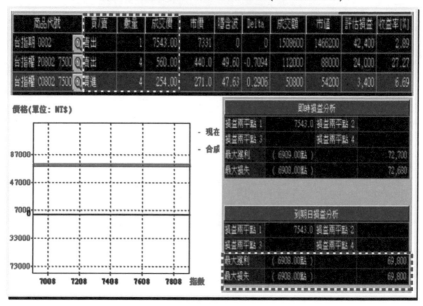

▼ 圖5-22選擇權蝶式價差示意圖(2012.01.02)

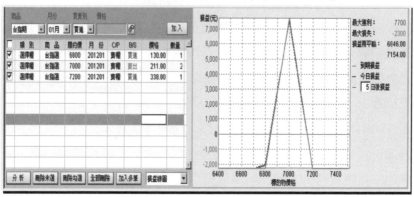

　　除了期貨與選擇權之間的套利，選擇權本身也有套利模式可加以運用，我們以蝶式價差來舉例，所謂的蝶式價差策略，會牽扯到三個序列之選擇權，以圖5-22為例，首先需賣出7000賣權二口，再找出左右等距的序列分別作買進選擇權之動作，即為買進6800與7200賣權各一口，正常市況之下，買方所支付的權利金(130點+338點=468點)會大於賣方收的權利金(211點*2=422點)，策略圖會像一頂長長的巫婆帽一般，此策略原則上是以看盤整為主，盤整時獲利會最多，大漲大跌會出現虧損，但損失有限。但在異常市況時，如圖5-23為2008.01.22當天盤中成交價格試算，賣出選擇權(770點*2=1540點)所收的權利金卻已大於買進付出(510點+910點=1420點)的權利金，如此整隻蝴蝶將會完全浮在零軸之上，依然是盤整盤時賺最多(26,000元)，但就算大漲大跌還是會獲利6,000元，因此若財力夠之交易者，只要在選擇權出現價格異常時，不妨大膽進場蒐尋類似的交易機會，每作到一套都是穩賺不賠的漂亮交易！

▼ 圖5-23選擇權套利操作示意圖(2008.01.22)

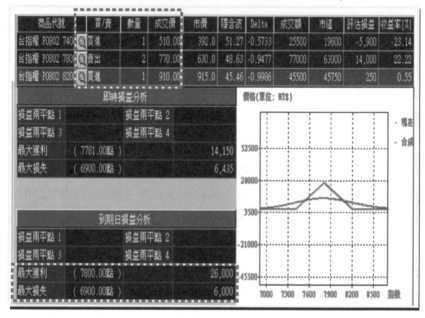

五、選擇權波動率操作

　　選擇權市場中的交易人應該都瞭解，人多的地方不要去，至於如何判斷人多不多？從選擇權的波動率大概可以略知一二，我們舉個波動率操作的實例給讀者，2008年春節農曆年封關後，市場休市達九天之多，而國際股市並不會因此停擺，還是會繼續交易，這時就會有交易人賭台北股市九天後開盤噴出之方向，以圖5-24為例，當天加權指數為7693，若休市九天國際股市變化為5%，則一開盤台指期勢必也會跟著反應近四百點的波動，這就是為什麼最後封關日時不論買權或賣權波動率都會狂飆的原因。

　　高波動率時買進選擇權有多不智？我們給各位真實的數據，圖5-25為休市九天後的收盤報價，休市期間國際股市表現不佳，台指期以7550下跌117點開出，最後收盤為7505，下跌162點。照理說，台指期下跌162點，應該所有的賣權都會大漲，但圖5-25中，從7200點至7500點都出現下跌現象，其實就是波動率收斂所致。假設某人在封關日買進一口7200買權與賣權包牌留倉，放至隔日收盤時，每組虧損的權利金為176點，莫名其妙的損失了近30%的權利金。

▼ 圖5-24選擇權報價圖(2008年封關日盤中)

商品：台指權 ｜ 台指權 0802 ｜ 加權指數 13:16:00 7693.52 ▲[illegible]

買權						賣權				
成交價	漲跌	漲跌幅	隱含波	成交量	履約價	成交價	漲跌	漲跌幅	隱含波	成交量
[illegible]	▲145.0	+25.00	51.11	250	7000	62.0	▼48.0	-43.63	53.52	28774
645.0	▲140.0	+27.72	51.16	119	7100	77.0	▼62.0	-44.60	52.19	15448
585.0	▲143.0	[illegible]	50.7	43	7200	97.0	▼72.0	-42.60	51.30	11610
490.0	▲127.0	[illegible]	49.18	115	7300	120.0	▼83.0	-40.88	50.23	8297
420.0	▲119.0	[illegible]	47.64	595	7400	149.0	▼82.0	-35.49	49.36	9634
349.0	▲106.0	[illegible]	46.83	2702	7500	181.0	▼106.0	-36.93	48.06	6094
[illegible]	▲[illegible]	[illegible]	46	5992	7600	217.0	▼116.0	-34.83	46.73	4965
234.0	▲71.0	[illegible]	44.98	7650	7700	261.0	▼131.0	-33.41	45.54	1356
185.0	▲41.0	[illegible]	43.99	8151	7800	314.0	▼149.0	-32.18	44.93	360
142.0	▲50.0	[illegible]	42.88	14227	7900	370.0	▼150.0	-28.84	43.55	158
108.0	▲40.0	[illegible]	42.31	21110	8000	440.0	▼165.0	-27.27	43.79	531
79.0	▲30.0	[illegible]	41.37	14109	8100	505.0	▼165.0	-24.62	41.69	83

▼ 圖5-25選擇權報價圖(2008年春節開盤日收盤報價)

買權	漲跌	履約價	漲跌	賣權
393	−157	7200	−19	76
308	−172	7300	−15	103
242	−173	7400	−9	138
186	−162	7500	−2	176
135	−149	7600	13	229
96	−132	7700	33	290
67	−114	7800	52	365
43.5	−96.5	7900	67	432

看到波動率的威力了吧！當行情波動程度不夠大時，它會讓投資人的權利金加速消逝，但若在特殊事件前還是很想進場交易時該怎麼辦？在此簡單提出兩種交易模式供讀者參考。

1.作多期貨並賣出價外買權

　　既然波動率飆高，就要避免部位中有單純的買進策略，若真的對行情看好，不妨直接作多期貨，並在價外三至四檔賣出買權，就算行情看錯，至少可以收一些高漲的權利金回來，就算大漲也沒差，頂多少賺些罷了，舉個例子，若2012.1.14總統大選日前對大盤看好，可作多在6949，並在價外賣出7300買權四口在57點，當然，選前的波動率會更高，收到的權利金也會更高，作多期貨加上賣出買權合成後其實就是賣出賣權，以圖5-26為例，最大獲利為81,600，但損失仍是無限，除非對行情太有把握，操作此策略仍要小心再小心，萬一遇到像2004年陳前總統中槍事件，連跌二天的狀況之下，交易者恐將面臨斷頭命運！

　　不過這樣交易的好處就是盤漲或緩漲，由於賣出買權的損平點在7357點，因此若結算價落在6949與7357之間，賣出之權利金是可以全數收取的。

▼ 圖5-26選擇權試算圖

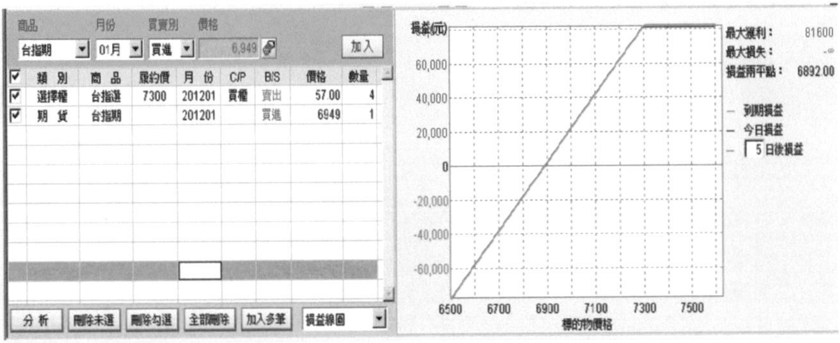

2.運用多頭價差策略

　　多頭策略有二種，收權利金的為賣權多頭價差，付權利金的則為買權多頭價差，多頭價差策略在國外法人圈行之有年，當我們對行情方向看法沒什麼信心時，這樣的策略不失為一最佳選擇。再加上其原理為一買一賣，就算波動率高漲，收到之權利金只會多不會少，有時若見到大盤突然出現不明原因的重挫，也可使用賣權多頭價差來搶反彈，如圖5-27，為2011年08月初股災進場搶反彈實例，第一筆賣權多頭價差進場在08.08(BUY 7100 PUT+SELL 7300 PUT)，由於當天盤勢還在重挫，偏空氣氛依舊，可收到權利金為54點(147-93)，直到8/15盤中，由於指數開始反彈，之前賣權高升的波動率開始下降，權利金也會跟著大降，當初進場的賣權多頭價差價格剩下4.6點(8.2-3.6)，所以在08.08進場搶反彈的部位已輕鬆獲利2,470元；08.09進場的賣權多頭價差道理類似，這二組在股災進場的偏多部位，輕鬆的為交易者帶來約五千元獲利。因此當波動率很高時(大漲或大跌)，採取價差部位進場或許為一不錯之策略選擇！

▼ 圖5-27選擇權交易比較圖

類別	成交日期	商品	市價	BS	口	均價	未平倉損益
複	2011/8/9	TX006500T1	0.8	B	1	111	-5,510.00
		TX006700T1	0.4	S		160	7,980.00
複	2011/8/8	TX007100T1	3.6	B	1	93	-4,470.00
		TX007300T1	8.2	S		147	6,940.00
2011/08/15盤中部位現況						合計	4,940.00

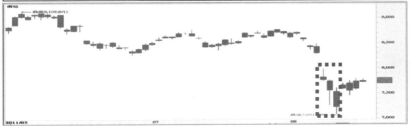

六、選擇權停損模式

　　國外有一本有名的財經著作，曾經提出過全球約有百分之七十以上的選擇權最後會歸零，簡單的說若客戶買進選擇權之後不停損也不停利，長期下來會站在較不利的一方。一般散戶把選擇權當樂透來玩，樂透彩剛推出時每注五十元，常見有人包牌一次下了十萬元，只要沒中獎，十萬本金連一毛都拿不回來。但其實選擇權是可以停損的，常用方式有二種，一為固定比例停損法，另一為指標操作停損法。圖5-28為某年4.30某人買進8000買權在230點一口，買進後行情未如預期般上漲，買權也跟著一路向下，若某人設定停損

為進場價之1/3，則應該於當日以154點停損出場，損失76點，約為本金的33%。不過很可惜的是，大多數投資人都是鐵齒的，認為只要我凹單續抱，要回到230點其實指日可待，就算歸零就算了，頂多損失掉權利金。就是這樣的錯誤觀念，造成散戶每年在選擇權市場上都要繳出數十億甚至上百億的代價，操作上不得不慎，所謂留得青山在、不怕沒柴燒，要損失33%(停損權利金1/3)還是96%(自然停損法-放任不管)，聰明的交易人應該很容易選擇！

▼ 圖5-28選擇權固定比例停損法示意圖

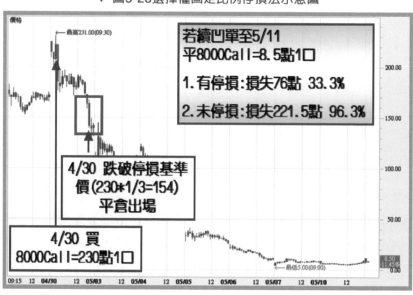

　　除了以權利金停損，我們之前常用的RSI通道也是一種常用來出場的參考準則，如圖5-29，04.15進場買進8000買權在260點一口，買進後沒有大幅上漲，緩緩震盪向下，直到04.16十五分RSI跌破四十向下，多單出場在216點，損失約16.9%，若不按照指標出場，賠最多時權利金曾只剩86點，已損失達本金67%之多，照著類似的指標操作方法，可以讓散戶朝著大賺小賠的目標邁進！

▼ 圖5-29選擇權指標操作停損法示意圖

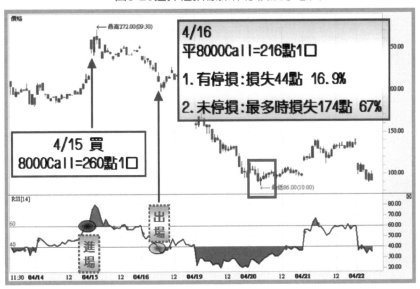

七、選擇權操盤檢查表

選擇權策略千變萬化，有沒有更簡單的方法讓初學者迅速上手交易？筆者歸納了近年來的授課經驗，整理出一系列之選擇權操盤檢查表，如圖5-30所示，第一個動作先觀察台指期日線ADX是否大於二十五這條基準線，ADX在二十五以上以買方策略為主；在二十五以下則是賣方收權利金為主。我們先以圖5-30中左方策略作範例，由於台指期日線大於二十五、+DI也大於-DI，操作上就只有偏多思考，交易人可以準備買進價平買權，不過還必須通過最後一道檢查關卡--RSI多空準則(十五分RSI要在六十以上才作多、RSI要在四十以下才放空)，如果都符合，則買進買權勝算較高，否則就空手觀望等待出手機會為宜。若ADX大於二十五，但-DI>+DI，則將價平賣權拉出來檢查，看看是否有進場買進賣權之機會！

至於圖中右方的策略思考路線，為賣方思維，但要賣出買權(偏空)還是賣出賣權(偏多)，首先可檢查台指期日線CCI指標位置，若為100以上的偏多位置，則先找出賣權最大未平倉量之序列為何，若又符合十五分線RSI在四十以下，就可賣出賣權。

讓我們實際操作一次，2012.01.13盤中若張先生要進場操作選擇權，首先需檢查台指期日線ADX位置，如圖5-31，目前日線ADX一路下彎，顯示近期行情並不會太大。既然行情不大，選擇權操作上就傾向賣方操作，至於要SELL CALL還是SELL PUT？再檢

查一下台指期日線CCI位置，如圖5-32，CCI指標尚未超多強多格局的100，但在0與100之間，行情研判偏向多方，再找出PUT最大未平倉量序列，前一日收盤資訊顯示在6500點，於是如圖5-33，將6500點的PUT十五分線RSI設定好，格局為之前跌到四十之下過，但目前未突破六十，因此針對此商品，在定義上就仍是適合賣出的空頭勢，操作上就以SELL 6500 PUT為主。

▼ 圖5-30選擇權操盤檢查表

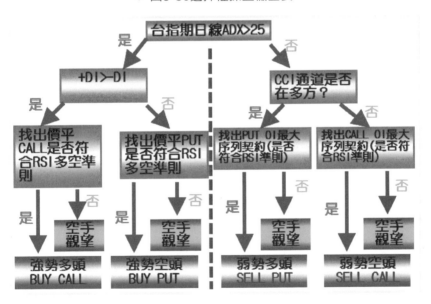

▼ 圖5-31選擇權操盤檢查表 (步驟一:台指期日線ADX是否小於二十五)

▼ 圖5-32選擇權操盤檢查表 (步驟二:台指期日線CCI是否大於0)

▼ 圖5-33選擇權操盤檢查表
(步驟三:6500點賣權十五分線RSI是否小於四十)

這樣的操盤對照表,可讓散戶更簡單的瞭解行情透露出之訊息,進而作出較佳的應對動作。

結 語

本書走筆至此，暫先告一段落，短短幾萬字期能將過去十多年來的授課心得與讀者分享，讓在期貨市場中找不到方向之投資人理出一條頭緒，進而創造出自己的交易聖盃，本書重點著重在期貨交易，後續有機會再針對選擇權與程式交易這兩大領域與廣大讀者共享心得，一起在期貨交易的道路上前進！

寰宇圖書分類

技　術　分　析

分類號	書　名	書號	定價	分類號	書　名	書號	定價
1	波浪理論與動量分析	F003	320	34	盤勢判讀技巧	F215	450
2	亞當理論	F009	180	35	巨波投資法	F216	480
3	多空操作秘笈	F017	360	36	20招成功交易策略	F218	360
4	股票K線戰法	F058	600	37	主控戰略即時盤態	F221	420
5	市場互動技術分析	F060	500	38	技術分析‧靈活一點	F224	280
6	陰線陽線	F061	600	39	多空對沖交易策略	F225	450
7	股票成交量分析	F070	300	40	線形玄機	F227	360
8	操作生涯不是夢	F090	420	41	墨菲論市場互動分析	F229	460
9	動能指標	F091	450	42	主控戰略波浪理論	F233	360
10	技術分析&選擇權策略	F097	380	43	股票趨勢技術分析——典藏版（上）	F243	600
11	史瓦格期貨技術分析（上）	F105	580	44	股票趨勢技術分析——典藏版（下）	F244	600
12	史瓦格期貨技術分析（下）	F106	400	45	量價進化論	F254	350
13	技術分析科學新義	F117	320	46	EBTA：讓證據說話的技術分析（上）	F255	350
14	甘氏理論：型態－價格－時間	F118	420	47	EBTA：讓證據說話的技術分析（下）	F256	350
15	市場韻律與時效分析	F119	480	48	技術分析首部曲	F257	420
16	完全技術分析手冊	F137	460	49	股票短線OX戰術（第3版）	F261	480
17	技術分析初步	F151	380	50	魔法K線投資學（partⅡ）	F262	600
18	金融市場技術分析（上）	F155	420	51	統計套利	F263	480
19	金融市場技術分析（下）	F156	420	52	探金實戰‧波浪理論（系列1）	F266	400
20	網路當沖交易	F160	300	53	主控技術分析使用手冊	F271	500
21	股價型態總覽（上）	F162	500	54	費波納奇法則	F273	400
22	股價型態總覽（下）	F163	500	55	點睛技術分析一心法篇	F283	500
23	包寧傑帶狀操作法	F179	330	56	散戶革命	F286	350
24	陰陽線詳解	F187	280	57	J線正字圖‧線圖大革命	F291	450
25	技術分析選股絕活	F188	240	58	強力陰陽線(完整版)	F300	650
26	主控戰略K線	F190	350	59	買進訊號	F305	380
27	精準獲利K線戰技	F193	470	60	賣出訊號	F306	380
28	主控戰略開盤法	F194	380	61	K線理論	F310	480
29	狙擊手操作法	F199	380	62	機械化交易新解：技術指標進化論	F313	480
30	反向操作致富	F204	260	63	技術分析精論（上）	F314	450
31	掌握台股大趨勢	F206	300	64	技術分析精論（下）	F315	450
32	主控戰略移動平均線	F207	350	65	趨勢交易	F323	420
33	主控戰略成交量	F213	450				

投 資 策 略

分類號	書　　名	書號	定價	分類號	書　　名	書號	定價
1	股市心理戰	F010	200	21	價值投資五大關鍵	F200	360
2	經濟指標圖解	F025	300	22	計量技術操盤策略（上）	F201	300
3	贏家操作策略	F044	350	23	計量技術操盤策略（下）	F202	270
4	經濟指標精論	F069	420	24	震盪盤操作策略	F205	490
5	股票作手傑西·李佛摩操盤術	F080	180	25	透視避險基金	F209	440
6	投資幻象	F089	320	26	看準市場脈動投機術	F211	420
7	史瓦格期貨基本分析（上）	F103	480	27	巨波投資法	F216	480
8	史瓦格期貨基本分析（下）	F104	480	28	股海奇兵	F219	350
9	你也可以成為股票操作高手	F138	420	29	混沌操作法 II	F220	450
10	操作心經：全球頂尖交易員提供的操作建議	F139	360	30	傑西·李佛摩股市操盤術 (完整版)	F235	380
11	攻守四大戰技	F140	360	31	股市獲利倍增術	F236	430
12	證券分析初步	F150	360	32	資產配置投資策略	F245	450
13	股票期貨操盤技巧指南	F167	250	33	智慧型資產配置	F250	350
14	金融特殊投資策略	F177	500	34	SRI 社會責任投資	F251	450
15	回歸基本面	F180	450	35	混沌操作法新解	F270	400
16	華爾街財神	F181	370	36	在家投資致富術	F289	420
17	股票成交量操作戰術	F182	420	37	看經濟大環境決定投資	F293	380
18	股票長短線致富術	F183	350	38	高勝算交易策略	F296	450
19	交易，簡單最好！	F192	320	39	散戶升級的必修課	F297	400
20	股價走勢圖精論	F198	250				

程 式 交 易

分類號	書　　名	書號	定價	分類號	書　　名	書號	定價
1	高勝算操盤（上）	F196	320	8	PowerLanguage 程式交易語法大全	F298	480
2	高勝算操盤（下）	F197	270	9	交易策略評估與最佳化（第二版）	F299	500
3	狙擊手操作法	F199	380	10	全民貨幣戰爭首部曲	F307	450
4	計量技術操盤策略（上）	F201	300	11	HSP計量操盤策略	F309	400
5	計量技術操盤策略（下）	F202	270	12	MultiCharts快易通	F312	280
6	《交易大師》操盤密碼	F208	380	13	計量交易	F322	380
7	TS程式交易全攻略	F275	430				

期　　貨

分類號	書　　名	書號	定價	分類號	書　　名	書號	定價
1	股價指數期貨及選擇權	F050	350	5	期貨賽局（下）	F232	520
2	高績效期貨操作	F141	580	6	雷達導航期股技術（期貨篇）	F267	420
3	征服日經225期貨及選擇權	F230	450	7	期指格鬥法	F295	350
4	期貨賽局（上）	F231	460	8	分析師關鍵報告（期貨交易篇）	F328	450

債　　券　貨　　幣

分類號	書　　名	書號	定價	分類號	書　　名	書號	定價
1	貨幣市場&債券市場的運算	F101	520	3	外匯交易精論	F281	300
2	賺遍全球：貨幣投資全攻略	F260	300	4	外匯套利 ①	F311	480

財　　務　教　　育

分類號	書　　名	書號	定價	分類號	書　　名	書號	定價
1	點時成金	F237	260	6	歐尼爾成長型股票投資課（漫畫版）	F285	200
2	跟著林區學投資	F253	400	7	貴族・騙子・華爾街	F287	250
3	風暴・醜聞・華爾街	F258	480	8	就是要好運	F288	350
4	蘇黎士投機定律	F280	250	9	黑風暗潮	F324	450
5	投資心理學（漫畫版）	F284	200				

財　　務　工　　程

分類號	書　　名	書號	定價	分類號	書　　名	書號	定價
1	金融風險管理（上）	F121	550	4	信用性衍生性&結構性商品	F234	520
2	金融風險管理（下）	F122	550	5	可轉換套利交易策略	F238	520
3	固定收益商品	F226	850	6	我如何成為華爾街計量金融家	F259	500

選　　擇　　權

分類號	書　　名	書號	定價	分類號	書　　名	書號	定價
1	股價指數期貨及選擇權	F050	350	7	交易，選擇權	F210	480
2	股票選擇權入門	F063	250	8	選擇權策略王	F217	330
3	技術分析＆選擇權策略	F097	380	9	征服日經225期貨及選擇權	F230	450
4	認購權證操作實務	F102	360	10	活用數學・交易選擇權	F246	600
5	選擇權交易講座：高報酬／低壓力的交易方法	F136	380	11	選擇權交易總覽（第二版）	F320	480
6	選擇權訂價公式手冊	F142	400				

金　　融　　證　　照

分類號	書　　名	書號	定價	分類號	書　　名	書號	定價
1	FRM 金融風險管理（第四版）	F269	1500				

另　　類　　投　　資

分類號	書　　名	書號	定價	分類號	書　　名	書號	定價
1	葡萄酒投資	F277	420				

國家圖書館出版品預行編目 (CIP) 資料

分析師關鍵報告 ‧ 期貨交易篇 / 張林忠著.
-- 初版. -- 臺北市：寶宇，2012.03
面；公分. --（寶宇期貨；328）
ISBN 978-986-6320-40-8(平裝)

1. 期貨交易

563.5   101005314

寶宇期貨 328

分析師關鍵報告〈期貨交易篇〉

作　者　張林忠
主　編　柴慧玲

發 行 人　陳志鏗
出　版　寶宇出版股份有限公司
　　　　臺北市仁愛路四段 109 號 13 樓
　　　　TEL：(02) 2721-8138
　　　　FAX：(02)2711-3270
　　　　http：// www.ipci.com.tw
　　　　E-mail：service@ipci.com.tw
　　　　劃撥帳號：1146743-9
　　　　登記證：局版台省字第 3917 號

內頁版面　富春印刷
封面設計　葉若蒂

定價　450 元
出版　2012 年 4 月初版一刷
ISBN　978-986-6320-40-8（ 平裝 ）

網路書店　博客來 www.books.com.tw
　　　　　華文網 www.book4u.com.tw